JN270417

英語で日記を書いてみる
表現集編

石原真弓 著

はじめに

2001年12月25日、この本の前編にあたる「英語で日記を書いてみる」が出版されました。以来、テレビや雑誌、新聞などで紹介されたことも手伝って、多くの人にその存在が知れ渡るようになりました。そして、2002年を迎えると同時に大型書店でのベストセラー・ランキングに登場し始め、数多くの読者カードが出版社に届くようになりました。読者層は小学生から80代と幅広く、いかに多くの人が「英語で日記を書く」ことに興味があり、それが誰にでもできる身近な英語勉強法の手段であるかが証明されたように思います。現在までに届いている数え切れないほどの読者カードには、「こんな本を探していた」「英語で日記を書いてみようという気になった」というコメントが多く、「ずっと英語で日記を書いています」と、その日記帳を写真に収めて送ってくれた読者の方もいました。その中でも特に、本書を出版するきっかけとなったコメントが、「日記の用例を増やした続編を読みたい」というものでした。そして、多くの方々からの要望に応える形で、今回、続編にあたる「英語で日記を書いてみる　表現集編」の出版に至りました。

本書は、バラエティに富んだ日記を、心境・状況別に紹介してあります。内容が偏らないように、周りの会話に耳を傾け、多くの人と話をし、とにかくたくさんの用例を集めました。初心者の方は、自分の状況に合ったものを書き写してみることから始めてみましょう。慣れてきたら、単語を少しずつ変えて応用していけば良いかと思います。中級者の方は、本書から新しい単語や表現を取り入れ、マンネリ化しつつあるかもしれない自分の語法に変化を加えてみくてはいかがでしょうか。上級者の方は、（著者の私生活を想像しながら？？）ショート・ストーリーを読む感覚で、本書を楽しんでいただければ嬉しく思います。

前編でも述べましたが、「英語で日記を書く」というのは身近で効果的な勉強法のひとつです。「人に見せなくても良い」という前提のもとでなら、チャレンジしやすいのではないでしょうか。どのように英作したら良いのか分

からないという人は、「今日、office で very happy なことがありました。」というように、日本語の中に英単語を混ぜることから始めると良いでしょう。慣れてきたら少しずつ英語を増やしていき、"I went to 最近オープンしたばかりの Italian restaurant today." というように、どう表現したら良いのか分からない部分だけを日本語にします。時間の余裕がある時に、表現できなかった部分を勉強で補っていけば、次第に全て英語で書けるようになります。また、「パターンに当てはめる」という方法もあります。たとえば、今週は、"I went to 場所. It was 感想." というパターンに当てはめて日記を書いてみるのです。克服できたら次のパターンに変えていく、というのも1つの方法だと思います。この時、a か the か、単数形か複数形かなどといった細かな文法は二の次で構いません。とにかく、身近なことを「日記」という形で、「好きなように」「好きなだけ」書いてみることが大切なのです。書いていくうちに文法的な疑問が出てくるはずです。そしたら本書や参考書、辞書などで調べ、ひとつずつ解決していく、それで十分です。「無理をしないこと」、そして「正しい文法で書かなければならないという固定観念は捨てること」が大切です。学校のテストではないのですから…。

「日記」というのは、過去を振り返った時に自分の生活や考え方の変化をみることができる楽しい記録簿であり、忙しい日々の中で忘れかけていたことを思い出させてくれる貴重な存在でもあります。また、英語で日記を書くことで、同時に英語力までアップできる一石三鳥ぐらいの価値があるものだと思います。将来、英文がすらすら書けるようになっている自分を想像しながら、ぜひ英語で日記を書いてみてはいかがでしょうか。

本書がきっかけとなり、「英語で日記を書き始めた」「英作のコツがつかめるようになった」「表現力が豊かになった」などという読者の方がいれば、著者としてこれ以上の喜びはありません。

「継続は力なり」

2002 年 7 月

石原　真弓

Acknowledgments

My deepest gratitude goes to my American grandpa, Pipi (Louis V. Plant), and to my wonderful friends, Jude Mertes and Norma Faye, who contributed to this book. They were always there to help me proofread my diaries and gave me comments to make them the way I wanted them to sound. Their tremendous support was more than words can explain.

My warm appreciation goes to a friend of mine, Kyoko Ashiki and to my siblings, Hideyuki and Yukiko, who helped me with the tedious job of reading the proof and gave me straightforward opinions from the readers' point of view. Their comments made the grammar notes more to the point so readers can understand the diaries well.

My special thanks also goes to Tomiko Imaizumi, one of my students' mothers, for checking the medical words in the last chapter; and to Yuka Watahiki, my editor at Beret Publishing Company, for accepting my specific requests in order to make this book easy to read. In addition, I thank all my friends, students, and family for their constant support and encouragement.

Mayumi Ishihara
July 2002

著者の日記

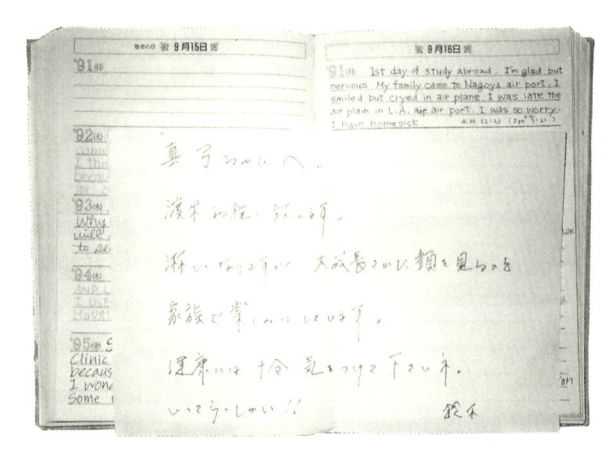

初めての英語日記は、1991年9月16日に渡米する前日、父の知り合いがプレゼントしてくれたこの「5年日記」がきっかけでした。

1991年—1995年

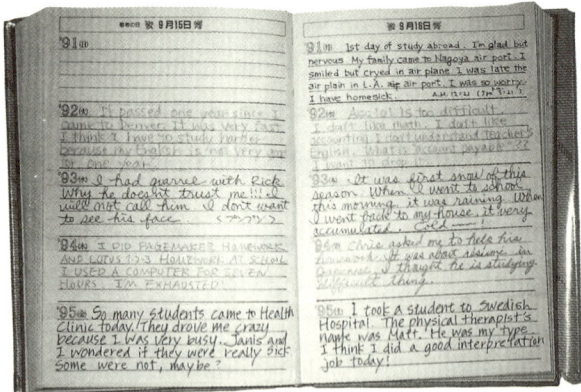

1996年—2000年

CONTENTS

はじめに
Acknowledgments
本書の注意点

Part 1
「英語で日記を書いてみる」簡単なコツ 15

1 目的や理由を表す to 19　2 感情の原因を表す to 20　3 接続詞 that の省略 21
4 過去完了形（had＋過去分詞形）22　5 時制の一致 24　6 直接話法と間接話法 26

Part 2
日記に使える表現集 31

第1章　平凡な出来事を日記に書く 32

家でのんびり 32　クラシックで癒しの時間 32　疲れたから早く寝よう 32　脂がのったサバ 32　くだらないとは分かっていても…32　4時起き 34　満月の夜 34　回転寿司 34　求人募集で職探し 34　ピザを取る 36　お使い 36　草取り 36　ギターの練習 36　新しいタイプの音楽 38　ピアノの体験レッスン 38　抹茶のシフォンケーキ 38　ポップコーンに飛びつくカモメ 40　大そうじでスッキリ 40　感じのいいカフェ 40　姪と甥の子守り 42　家の留守番 42　お父さんの手伝い 44

第2章　特別な出来事を日記に書く 46

部屋の模様替え 46　オイル交換 46　バイト初日 46　新年の抱負 46　メキシカン料理 48　流れ星 48　ボイラーの故障 48　温泉旅行 50　サーカス 50　ベビーシャワー 50　携帯電話の買い替え 52　携帯のデータ入力 52　送別会 54　電話ですれ違い 54　久しぶりの着物 56　ガレージセールの手伝い 56　オープンカーでドライブ 58　アカスリ 58

第3章　ワクワクしたこと・楽しみなことを日記に書く 60

新しい家族の一員 60　気に入ってもらえるといいな 60　明日はユニバーサルスタジオ 60　もうすぐクリスマス 60　こいのぼり 60　めがねで雰囲気を変える 62　シャキーラのコンサート 62　カラオケで1時帰宅 62　懸賞が当たった 62　友達の家族が遊びに来る 64　昔の同僚にばったり 64　ついに結婚 64　結婚式での出会い 66　同窓会の案内状 66　別荘でパーティ 68　いい仕事ができそう 68

第4章　嬉しかったことを日記に書く 70

こづかいアップ 70　パーマでイメージ・チェンジ 70　母の日の贈り物 70　帰宅途中の電車の中で 70　ガールフレンドはメグ・ライアン?! 72　メールができるようになった 72　雑誌で同じハイヒールを発見 72　ファッション関係の方ですか 74　A＋の読書感想文 74　みかんが届いた 74　これでやっと修理ができる 76　旧友からの手紙 76　90％オフ 78　ヒマラヤ山脈の写真 78　占い的中 80

第5章　驚いたことを日記に書く 82

良明が先生に?! 82　若いお母さんたち 82　法外な電話の請求書 82　こんなに簡単に作れるの? 84　体重計に乗ってビックリ 84　本当に80? 86　習字の才能 86　上司の意外な一面 86　猫の飛び出し 88　麻薬取引で逮捕 88　驚いたのは私だけ?! 90　実は俺、ゲイなんだ 90　エイプリル・フール 92　パワフルなおばあちゃん 92　すごいタイミング 94　便利で簡単なインターネット 94

第6章　恥ずかしかったことを日記に書く 96

人前でやめてよ! 96　ファスナーが開いていた 96　頭をゴツン 96　電車で化粧 98　おめでた? 98　照れくさいなぁ 98　授業中によそごと 100　あっ、トイレが汚かったこと忘れてた 100　ニンニクで口が臭い 102　ゼロがひとつ余分 102　マニュアルは運転できないんだ 104

第7章　後悔したことを日記に書く 106

洗車したら雨 106　もう3年待っていれば 106　大学へ行っておけば良かった 106　インターネットで4時間も 106　お金と時間の無駄 108　1回ぐらいデートしておくべきだったわ 108　「今度こそ」という期待でいつも損 110　どうしても欲張ってしまうのよねぇ… 110　ウイルス感染したかな？ 112

第8章　残念・がっかり・悲しかったことを日記に書く 114

お気に入りのグラス 114　愛車にキズ発見 114　指輪がない！ 114　ツバメの巣立ち 114　細井先生の退任 116　昇格試験にパスできず 116　ご飯が炊けてない！ 118　財布をなくした 118　面接で採用されず 120　すでに満席 120　閉店しちゃったの？ 122　娘さんの自殺 122　ノーマの帰国 124　つぶれた砂糖の城 126　あんなウソをつかなくてもいいのに 126

第9章　羨ましいことを日記に書く 128

あんなふうに英語が話せたらなぁ 128　食べても太らない 128　お似合いのカップル 128　3階建ての家 128　マンション購入 130　愛妻弁当 130　結婚記念日の贈り物 130　惚れ惚れするようなポルシェ 132　ホーム・ヘルパーさん 132　カッコ良くて優しそうな彼 132　高級ワゴン 134　特許で一儲け 134　沖縄旅行とデジカメ 136　10万人目の来館者 136

第10章　緊張したこと・不安なことを日記に書く 138

結婚披露宴のスピーチ 138　選手発表 138　明日は入学式 138　ブラインド・デート 138　電話応答 140　運転免許の実技試験 140　バイオリンの発表会 140　大学入試 142　本社からのお偉いさん 142　家庭訪問 144　初めてのプレゼンテーション 144　ホテルでランチ 146　雑誌の取材 146

第11章　心配・気がかりなことを日記に書く 148

抜け毛 148　無事で良かった 148　散らなければいいけれど 148　できちゃったかなぁ？

150　娘の留学 150　飛行機墜落のニュース 152　学校で何かあったのかしら？ 152　顔のシミ 154　前立腺肥大の手術 154　ケチって思われるかな？ 156

第12章　安心・ほっとしたことを日記に書く 158

出張先で地震 158　やっと届いた引換券 158　電気ストーブの消し忘れ 158　一応の独り立ち 160　術後の知らせ 160　娘の就職が決まる 162　9百円で済む 162　異常なし 164　一人でキャンプに参加 164　おかえりーって感じ 166　思ったより元気そう 166

第13章　ムカッとしたこと・イライラしたことを日記に書く 168

ドンチャン騒ぎ 168　近所の犬 168　広告メール 168　ATMの故障 168　ハンマーで殴りたい気分 170　駅でイチャイチャ 170　きつい香水のにおい 170　こき使わないで 170　スピード違反?? 172　もっと早く連絡してよ 172　納得いかない高速料金 174　主張、認められず 174　歩きタバコはやめて欲しい 176　サービス残業 176　二度とあのタクシーに乗るもんか 178　私に八つ当たりしないでよ 178

第14章　グチを言いたくなることを日記に書く 180

請求書の山 180　最悪の髪型 180　給料が低いか、労働条件が悪いか 180　保険って何でこんなに高いの！ 180　仕方がないか 182　恋愛ものはどれも同じ 182　テストばっかり 182　人事異動 184　門限があるのは家だけよ！ 184　きれい好きなのはありがたいけど… 184　足がくたくた 186　妥協しないと無理 186

第15章　天気に関することを日記に書く 188

いい天気 188　ハイキング日和 188　雪で散歩は中止 188　軒先のつらら 188　雨止まず 188　連日の雨 190　じめじめして気持ち悪い 190　ふとんから出たくない 190　暑さで何もする気がしない 192　台風 192　床上浸水 192　春なのに 194　大雪で会社や学校が休み 194　エアコンの故障 194

第16章　体調に関わることを日記に書く 196

下痢 196　風邪 196　寝違えた 196　全身が筋肉痛 196　蒸し暑くて食欲がない 198　やけど 198　生理痛 198　嘔吐 198　じんましん 200　花粉症かな？ 200　今日は花粉症がひどい 200　学級閉鎖になるかも？ 202　アキレス腱が切れた 202　静養が必要 202　二日酔い 204　頭がガンガン 204　腰が痛い 206

第17章　スポーツに関することを日記に書く 208

ジムで運動 208　ソフトボールの試合 208　バッティング練習 208　自分らしくない卓球の試合 208　プールで日焼け 210　サイクリング 210　テニスの練習 210　試合中の乱闘 212　高校野球 212　ビリヤード 212　久々のスノーボード 214　ヨガに挑戦 214　富士登山に備え、足を鍛える 216　はじめての乗馬 216

第18章　ふと感じたことを日記に書く 218

家庭教師をつけようかしら？ 218　物騒な世の中 218　出会いって不思議 218　お金が全て？ 218　自分に自信がない？ 220　彼女、整形したのかな？ 220　ばれていないだけ 220　仕事の意義 222　自分が恵まれていること 222　家族っていいな 224　年齢は気持ちの問題 224　20年後はどう変わっているのだろう 224

第19章　男女間の気持ちを日記に書く 226

会いたくてたまらない 226　昨日の余韻 226　昔の彼を思い出す曲 226　先生のことが好き 228　気持ちはありがたいけど、タイプじゃないの 228　今度は慎重に 230　浮気してるかも？ 230　すぐに意気投合 232　電話しないって決めたのに 232　遠距離恋愛は難しい 234　初めてのデートで期待しすぎ？ 234　もう10分早ければ 236　僕の気持ちなんて知る由もないだろう 236　しつこい電話 238　嬉しい気持ちを抑えて 238　昔の彼女が結婚 240　本音を言えばいいのに 240　微妙な三角関係 242　話し合いで仲直り 244

第20章　ことわざを取り入れて日記を書く 246

十人十色　It takes all kinds to make the world go around. 246　馬子にも衣装　Clothes make the woman[man]. 246　便りのないのはよい便り　No news is good news. 246　覆水盆に返らず　It's no use crying over spilt milk. 248　人は見かけによらぬもの　You can't tell a book by its cover. 248　言うは易し行うは難し　Easier said than done. 248　急がば回れ　Haste makes waste. 250　蓼食う虫も好き好き　There's no accounting for tastes. 250　類は友を呼ぶ　Birds of a feather flock together. 252　意志あるところ道あり　Where there's a will, there's a way. 252　一寸先は闇　You never know what tomorrow might bring. 254　最後までどうなるか分からない　The opera ain't over till the fat lady sings. 254

Part 3
日記に使える単語集 257

家族・親戚 258　星座 260　誕生石 261　教科・学科 261　国名・国民 265　自動車の部分名称 270　野菜・芋・穀物 271　魚貝類 273　台所用品・設備 276　花 278　体の部分名称（頭部　上半身　下半身）282　病気関係（内科　呼吸器内科　消化器内科　循環器内科　神経内科　腎臓内科　血液内科　外科　肛門科　脳外科　整形外科　産婦人科　泌尿器科　小児科　皮膚科　眼科　耳鼻咽喉科　歯科　心療内科）287

本書の注意点

- 基本的にアメリカ英語で書かれています。
- 用例に対する日本語訳は、不自然さをなくすために直訳を避け、内容が一致するような意訳になっています。文字から文字への訳ではなく、文全体を感覚でとらえるように読んでみてください。
- 日本語訳は、「忘れてた」(←忘れていた)、「見ちゃう」(←見てしまう)というような会話調で書かれています。
- 注釈にでてくる名詞は、特に説明がない限り、a や the の付いていない単数形が用いられています。
- 注釈にでてくる一般動詞は、特に説明がない限り、原形に戻して用いられています。
- (　) は省略可能な文字や語句、または意味の説明を表します。
- [　] はすぐ前にある語句との入れ替えが可能、またはその語の発音を表します。
- ~'s には、my, your, his, her, our, their, its などの所有格の代名詞、または~'s の付いた名詞がきます。
- ~self には、myself, yourself, himself, herself, ourselves, themselves, itself などの再帰代名詞がきます。
- "drive 人 crazy" のように「人」と書かれているところには、me, you, him, her, us, them などの目的格の代名詞、または人の名前がきます。
- ~ing には、playing, eating, taking などの動詞の ing 形がきます。
- 動詞の原形は、play, eat, take などの s や es、ed の付いていない動詞を指します。
- ~には、名詞、または名詞句がきます。
- 注釈にある英文の文頭、文中、文末の...は、そこに本文で使われている語句が省略されていることを表します。
- "be 動詞＋impressed" などの「be 動詞」には、主語と時制に合わせた is, am, are, was, were などの be 動詞が入ることを表します。
  (ex) I am impressed.／He is impressed.／They were impressed.

- 一般動詞については、本文で他動詞として用いられていれば「～を」「～に」などを含めた意味が書かれています。
- 群動詞（動詞が前置詞や副詞などを伴って、全体で1つの動詞として働くもの）に関しては、それが他動詞なら英語と日本語の両方に「～」を含めて記してあります。
  （ex）look for～「～を探す」／eat out「外食する」など
- 人名については、例えば「京子さん」となっていても、英語は Kyoko としか書かれていないものがあります。英語では-san や-chan、-kun の意味が含まれているからです。しかし、名前のみでは失礼な気がする場合は、Kyoko-san や Kyoko-chan などと表すのも良いでしょう。

大切な文法の説明は、くどいほど繰り返し書かれています。何度も読んでいくうちに自然と文法が理解でき、英作のコツがつかめるようになるはずです。
Good luck!

Part 1
「英語で日記を書いてみる」簡単なコツ

1 まず、「誰が＋どうした」のかを書く
2 あとは、書きたい事柄を書きたい順に書きたい分だけ加えていく

ここでは、日記を書く時に一番難しいと思われがちな単語の並べ方について、簡単に触れておくことにします。

文の中で一番大切な部分は「主語＋動詞」です。要するに「誰が＋どうした」ということです。英語ではまず、この２つを書き、あとは必要だと思う事柄を付け足していくだけで、文が完成します。例えば、「勉強した」ことについて日記を書く場合、「誰が＋どうした」に従うと、I studied. となります。これで文を終えても構いませんが、「何を」「誰と」「どこで」「いつ」…などの内容を続ければ、より具体的に表すことができます。「何を」や「誰に」といった目的語（動詞の対象となる言葉）は、動詞の直後にくるのが原則ですが、そのほかの事柄は、自分が重要だと思う順に並べていきます。どれも同じぐらいの重要さであれば、人・場所・時という順になるのが一般的だと覚えておきましょう。

動詞の直後にくる「何を」や「誰に」という目的語を除いては、意味のかたまりごとに内容を付け足していきます。「名古屋」「へ」などと分けずに「名古屋へ」とひとかたまりにします。同じように、「私の」「母」「と」も、「私の母と」としておきます。要するに、「へ」や「と」といった助詞を含めてひとつのかたまりと考える、ということです。英語では、この「へ」や「と」などに当たる言葉を「前置詞」と呼んでいます。名詞の前に置く詞という意味からも分かるように、これらは名詞の前に位置します。つまり、日本語と英語とでは並べる順が逆になるわけです。「名古屋へ」は to Nagoya、「私の母と」は with my mother となります。単語を並べる順が分かれば、英作の基本は理解できたことになります。どんな前置詞を使うのか、どんな時制がふさわしいのか、名詞の前は a か the か代名詞か、などといった細かな部分は、少しずつ勉強でカバーしていけば良いでしょう。とにかく、あまり細かなことは気にせずに、まず「誰が＋どうした」のかを書き、それに

「具体的な内容を付け加えていく」、その時に英語では、「前置詞が名詞の前にくる」という点に注意すれば、ある程度きちんとした文になります。（本書の日記を読んでいくうちに、文法の流れや傾向が見えてくるはずです。）

それでは、"I studied." に様々な事柄を付け加えて、文を具体的に表してみましょう。

- 私は英語を勉強した。
  I studied English.
- 私は友里恵と英語を勉強した。
  I studied English with Yurie.
- 私は友里恵と彼女の家で英語を勉強した。
  I studied English with Yurie at her house.
- 私は友里恵と彼女の家で2時間、英語を勉強した。
  I studied English with Yurie at her house for 2 hours.
- 私は今朝、友里恵と彼女の家で2時間、英語を勉強した。
  I studied English with Yurie at her house for 2 hours this morning.

- 私はエクセルについて勉強した。
  I studied about Excel.
- 私はエクセルについてコンピュータで勉強した。
  I studied about Excel on my computer.
- 私は7時からエクセルについてコンピュータで勉強した。
  I studied about Excel on my computer from 7:00.
- 私は7時から9時までエクセルについてコンピュータで勉強した。
  I studied about Excel on my computer from 7:00 to 9:00.
- 私は昨夜7時から9時までエクセルについてコンピュータで勉強した。
  I studied about Excel on my computer from 7:00 to 9:00 last night.

今度は動詞を変えて、様々な文を英語にしてみましょう。

- 私は自分の部屋をきれいにした。
 I cleaned my room.
     目的語の「を」
- 今朝、5時半に目が覚めた。
 I woke up at 5:30 this morning.
       時刻を表す「に」
- 私は郵便局で、はがきを30枚買った。
 I bought 30 postcards at the post office.
       目的語の「を」 場所を表す「で」
- 私は電車で浜松へ行った。
 I went to Hamamatsu by train.
    行き先を表す「へ」 交通手段を表す「で」
- 今日、ベンと1時間、話をした。
 I talked with Ben for one hour today.
     同伴を表す「と」 期間を表す「間」
- ペギーが私の誕生日にデンバーから電話をくれた。
 Peggy called me from Denver on my birthday.
      目的語の「に」起点を表す「から」 曜日を表す「に」
- 昨夜、寝る前にメールをチェックした。
 I checked my e-mail before going to bed last night.
       目的語の「を」 順序を表す「の前に」
- 夕食の後、テレビで映画を見た。
 I watched a movie on TV after dinner.
       目的語の「を」 放送の手段を 順序を表す「の後で」
              表す「で」

ここからは、日記を書く際によく使われる文法、特に前編の「英語で日記を書いてみる」で説明できなかった文法について、簡単に学習しておきましょう。

1　目的や理由を表す to

「〜しに」「〜するため(に)」という、行為・動作の目的や理由は、to＋動詞の原形で表します。to には様々な意味があるので、目的の意味をはっきりさせたい時は、in order to＋動詞の原形にします。主になる動詞(句)の後に加えるのが一般的です。

- 昨日、ノーマが私に会いに来てくれた。
  Norma came to see me yesterday.
- 勉強をするために図書館へ行った。
  I went to the library to study.
- 銀行へいくらかお金を預けに行った。
  I went to the bank to deposit some money.
- 祖母を見舞いに病院へ行った。
  I went to the hospital to visit my grandmother.
- 飲み物を買いにコンビニへ寄った。
  I stopped by the convenience store to buy some drinks.
- 健康な体を維持するために毎日、筋トレをしている。
  I work out every day to keep fit.
- 予約をするため、そのレストランに電話をした。
  I called the restaurant to make a reservation.
- 英語を上達させるために CNN を見ている。
  I watch CNN to improve my English.
- 元気でやっているかどうかを確認するため、息子にメールをした。
  I e-mailed my son to see how he's doing.

2　感情の原因を表す to

「～して…と感じている」という感情の原因は、to＋動詞の原形で表します。…には glad／happy（嬉しい）、sad（悲しい）、surprised（驚いた）、disappointed（がっかりした）、sorry（気の毒[残念]に思って）など、主語の感情を表す形容詞(句)がきます。

- それを聞いて嬉しかった。
  I was glad to hear that.
  I was happy to hear that.
- それを聞いて悲しかった。
  I was sad to hear that.
- それを聞いて驚いた。
  I was surprised to hear that.
- それを聞いてがっかりした。
  I was disappointed to hear that.
- それを聞いて気の毒に思った。
  I was sorry to hear that.
- 彼に再会できてとても嬉しかった。
  I was delighted to see him again.
- ブリトニーのサインをもらってワクワクした。
  I was thrilled to get Britney's autograph.
- ボブの奥さんへの扱いを見て衝撃を受けた。
  I was shocked to see how Bob treated his wife.
- 幸子が無事、カナダに着いたことを聞いてほっとした。
  I was relieved to hear that Yukiko arrived in Canada safely.

3　接続詞 that の省略

口語やくだけた文では、次のような接続詞の that はよく省略されます。

感情を表す形容詞に続く that
I'm glad (that)＋文.　　「〜ということを嬉しく思う」
I'm sorry (that)＋文.　　「〜ということを申し訳なく思う」
　　　　　　　　　　　　「〜ということを残念[気の毒]に思う」
I'm surprised (that)＋文.「〜ということに驚いている」　…など。

目的語になる文が続く that
I know (that)＋文.　　「〜だと知っている」
I hope (that)＋文.　　「〜であればいいなぁと思う」
I'm sure (that)＋文.　 「〜だと確信している」　…など。

補語になる文が続く that
The fact is (that)＋文.　　「事実は〜である」
The problem is (that)＋文.「問題は〜である」
The chances are (that)＋文.「見込みとしては〜だ」　…など。

- あなたが来てくれて嬉しい。
  I'm glad (that) you came.
- 遅くなって申し訳ありません。
  I'm sorry (that) I'm late.
- マリナとスティーブが結婚したことは知っている。
  I know (that) Marina and Steve got married.
- 早く彼の体調が良くなればいいなぁと思う。
  I hope (that) he gets better soon.
- 事実、彼女は君にお金を借りているじゃないか。
  The fact is (that) she owes you some money.
- 問題は、ウェイド氏の承諾が必要なのに彼がいないことだ。
  The problem is (that) we need Mr. Wade's approval, but he's out of town.

4　過去完了形（had＋過去分詞形）

現在完了形が、現在までの経験・継続・完了（と結果）を表したのに対し、過去完了形は、過去のある時点までの経験・継続・完了（と結果）を表します。つまり、過去に起きた2つの出来事をとりあげ、一方の出来事が起きる前に、もう一方の出来事[事柄]が起きていた・経験があった、などと言う場合に用いるのが過去完了形です。過去完了形は、古い方の出来事[事柄]をhad＋過去分詞形で表します。例えば、「映画館に着いた時には、すでに映画が始まっていた」という文で考えた場合、「映画館に着いた」と「映画が始まっていた」という、過去の2つの出来事が存在します。これらを比較すると、映画館に着く前に映画が始まっていたことになるので、「映画が始まっていた」を過去完了形、「映画館に着いた」を過去形で表します。これを英語にすると、When I got to the theater, the movie had already started. または The movie had already started when I got to the theater. と、なります。

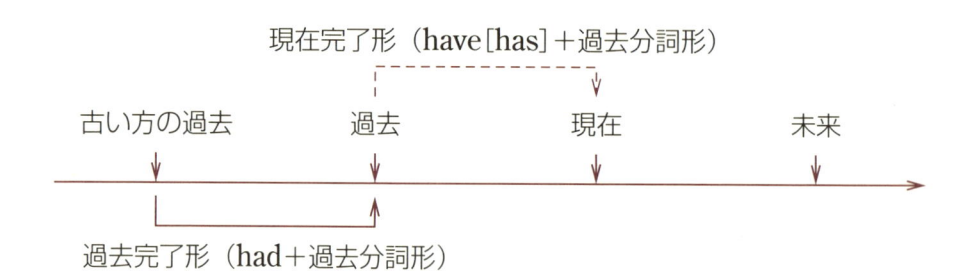

- テレビをつけた時には、サッカーの試合はすでに終わっていた。
  （「テレビをつけたこと」より「サッカーの試合が終わっていたこと」の方が古い）
  When I turned on the TV, the soccer game had already finished.
- お店に戻った時には、そのシャツはもう売れてしまっていた。
  （「お店に戻ったこと」より「シャツが売れてしまったこと」の方が古い）
  When I went back to the store, the shirt had already been sold.
- 深夜1時に帰宅した時、息子はまだ勉強をしていた。
  （「帰宅したこと」より「息子が勉強をしていたこと」の方が古い）

When I got home at 1:00 a.m., my son had still been studying.

● 授業が終わった頃までには、雨は止んでいた。
（「授業が終わったこと」より「雨が止んだこと」の方が古い）
By the time the class was over, the rain had stopped.

● お見舞いに行った時には、ルイスはすでに退院していた。
（「ルイスを訪れたこと」より「ルイスが退院していたこと」の方が古い）
When I visited him, Louis had already gotten out of the hospital.
＊口語では、gotten の代わりに got を用いることが多い。

● ずっと探していた写真を見つけた。
（「見つけたこと」より「ずっと探していたこと」の方が古い）
I found the picture that I had been looking for.
＊この that は関係代名詞。which でも良い。

● 何年も会っていなかった友達に、昨日ばったり出会った。
（「ばったり出会ったこと」より「会っていなかったこと」の方が古い）
I ran into a friend yesterday that I hadn't seen for years.
＊この that は関係代名詞。who や whom（文語）でも良い。

● ダイアンが3年間付き合った男性と先月結婚した。
（「結婚したこと」より「付き合ったこと」の方が古い）
Diane got married last month to a man who she had dated for 3 years.
＊この who は関係代名詞。that や whom（文語）でも良い。

● 付き合っている頃に旦那が私に書いた手紙を偶然見つけた。
（「偶然見つけたこと」より「旦那が私に手紙を書いたこと」の方が古い）
I came across the letter that my husband had written when we were dating.
＊この that は関係代名詞。which でも良い。

＊ くだけた文（特に口語）では、過去完了形で表すべきところでも単なる過去形で表す場合があります。（詳しくは、日記の注釈を参考にしてください。）

5　時制の一致

I think（that）＋文.「私は〜だと思う」のように、主になる動詞が現在形の場合は問題ないのですが、I thought（that）＋文.「私は〜だと思った」のように、主になる動詞が過去形になると、英語では、後に続く文の動詞の時制を変化させる必要があります。日本語は、「私は彼が有名になるだろうと思った」というように、「なるだろう」という未来形と「思った」という過去形を混ぜても構いませんが、英語では主になる動詞に時制を合わせるというルールがあるので、時制を変えなければなりません。これを時制の一致といいます。時制の一致は次のルールに従います。

I thought（that）＋文.の「文」を日本語で考えた場合、動詞が現在形や未来形の時は過去形に、過去形や現在完了形の時は過去完了形に直します。

- 私は、ペギーは疲れている、と思った。
  （「疲れている」は現在形なので、is を was に直す）
  I thought（that）Peggy was tired.
- 私は、それは公平ではない、と思った。
  （「公平ではない」は現在形なので、isn't を wasn't に直す）
  I thought（that）it wasn't fair.
- 私は、彼女も彼が好きだ、と思った。
  （「好き」は現在形なので、like を liked に直す）
  I thought（that）she liked him, too.
- 私は、ボブにはあまり友達がいない、と思った。
  （「いない」は現在形なので、doesn't have を didn't have に直す）
  I thought（that）Bob didn't have many friends.
- 私は、彼が NO と言うだろう、と思った。
  （「言うだろう」は未来形なので、will say を would say に直す）
  I thought（that）he would say no.
- 私は、彼らは来ないだろう、と思った。
  （「来ないだろう」は未来形なので、won't come を wouldn't come に直す）

I thought (that) they wouldn't come.
● 私は、彼女はかなり変わった、と思った。
　（「変わった」は過去形なので、changed を had changed に直す）
　　I thought (that) she had changed a lot.
● 私は、木藤氏は以前に英語の先生をしていた、と思った。
　（「していた」は過去形なので、was を had been に直す）
　　I thought (that) Mr. Kito had been an English teacher before.
● 私は、彼女はいろいろな経験をしてきたのだろう、と思った。
　（「してきた」は現在完了形なので、has had を had had に直す）
　　I thought (that) she had had a lot of experiences.
● 私は、彼女は一度も外国へ行ったことがないのだろう、と思った。
　（「行ったことがない」は現在完了形なので、have never been を had never been に直す）
　　I thought (that) she had never been abroad.

助動詞の場合
● 私は、彼は成金かもしれない、と思った。
　（「～かもしれない」は may＋動詞の原形で表す。ここでは may be を might be に直す）
　　I thought (that) he might be nouveau riche.
● 私は、彼は成金だったかもしれない、と思った。
　（「～だったかもしれない」は may＋have＋過去分詞形で表す。ここでは、may have been を might have been に直す）
　　I thought (that) he might have been nouveau riche.

＊　主になる動詞が felt「感じた」、knew「知っていた」などに変わっても、時制の一致のルールは変わりません。
＊　「文」が、歴史上の出来事、ことわざ、現在も変わらない事実や習慣などの場合は例外で、時制の一致を受けず、そのままの時制で使います。
＊　くだけた英語では、時制の一致をするべき文でもそのままの時制で用いることがあります。（詳しくは、日記の注釈を参考にしてください。）

6　直接話法と間接話法

1) He said, "I'm tired."…直接話法
2) He said (that) he was tired.…間接話法

1のように、人が言ったことを""で囲んでそのまま伝える方法を直接話法、2のように、人が言ったことを話し手の言葉に置き換えて伝える方法を間接話法といいます。上の例文からも分かるように、間接話法は""の中で使われた「人」が、話し手から見て誰を指しているのかを考えて書き換えをしなければなりません。1は、人の言葉をそのまま引用しているのでIでも構いませんが、2でIと言うと話し手自身を指してしまうため、Iをheに変える必要があります。また、『5　時制の一致』で学習したように、主になる動詞が過去形の場合は、""内の動詞も変化させなければなりません。例文では、主になる動詞が過去形(said)、""内の動詞が現在形(am)なので、amをwasに変えて時制を一致させています。このような代名詞や時制の変化が面倒だと感じる場合、日記では直接話法を用いれば良いでしょう。ただし、""が使えない会話では、「誰の話」なのかを明確にするために、間接話法を用いた方が聞き手に誤解なく伝わります。

- 彼は、「忙しい」と言った。
  He said, "I'm busy."→He said (that) he was busy.
  (I'mをhe wasにする)
- 彼は、「忙しかった」と言った。
  He said, "I was busy."→He said (that) he had been busy.
  (I wasをhe had beenにする)
- 彼は、「妹を迎えに行かなければならない」と言った。
  He said, "I need to pick up my sister."
  →He said (that) he needed to pick up his sister.
  (I needをhe neededに、myをhisにする)

● 彼は、「妹を迎えに行かなければならなかった」と言った。
He said, "I needed to pick up my sister."
→He said (that) he had needed to pick up his sister.
(I needed を he had needed に、my を his にする)
● 彼は、「君に電話するよ」と言った。
He said, "I will call you."→He said (that) he would call me.
(I will を he would に、you を me にする)
● 彼は私に、「英語が上手だね」と言った。
He said to me, "You speak good English."
→He told me (that) I spoke good English.
(said to me を told me に、You を I に、speak を spoke にする)
＊said の後ろに to＋人が続く場合は、said to＋人を told＋人に変える。
● 彼は私に、「僕の父は君のお母さんに会ったことがあるよ」と言った。
He said to me, "My father has met your mother."
→He told me (that) his father had met my mother.
(said to me を told me に、My を his に、has met を had met に、your を my にする)

疑問文の場合
" " の中の言葉が疑問文の場合は、次のような形をとります。
He said, "Yes/No 疑問文?"→He asked if 主語＋動詞.
　　　　　　　　　　　　　　＊if の代わりに whether を用いても良い。
He said, "疑問詞を使った疑問文?"→He asked 疑問詞＋主語＋動詞.

● 彼は、「疲れているの？」と言った［聞いた］。
He said, "Are you tired?"→He asked if I was tired.
(said を asked に、Are you を if I was にする)
● 彼は私に、「疲れていたの？」と言った［聞いた］。
He said to me, "Were you tired?"→He asked me if I had been tired.
(said to me を asked me に、Were you を if I had been にする)

- 彼は私に、「エジプトへ行ったことがある？」と言った[聞いた]。
  He said to me, "Have you been to Egypt?"
  →He asked me if I had been to Egypt.
  (said to me を asked me に、Have you been を if I had been にする)
- 彼は私に、「君のお姉さんはエジプトへ行ったことがある？」と言った[聞いた]。
  He said to me, "Has your sister been to Egypt?"
  →He asked me if my sister had been to Egypt.
  (said to me を asked me に、Has your sister been を if my sister had been にする)
- 彼は私に、「どこにいたの？」と言った[聞いた]。
  He said to me, "Where were you?"→He asked me where I had been.
  (said to me を asked me に、were you を I had been にする)
- 彼は私に、「何時に戻るの？」と言った[聞いた]。
  He said to me, "What time will you be back?"
  →He asked me what time I would be back.
  (said to me を asked me に、will you を I would にする)
- 彼は私に、「夕食は何が食べたい？」と言った[聞いた]。
  He said to me, "What do you want to eat for dinner?"
  →He asked me what I wanted to eat for dinner.
  (said to me を asked me に、do you want を I wanted にする)

命令文の場合

" " の中の言葉が命令文の場合は、次のような形をとります。
He said to me, "命令文"→He told me to＋動詞の原形.
He said to me, "否定の命令文"→He told me not to＋動詞の原形.
＊状況によって、told を asked(頼んだ)、advised(助言した)などに変えても良い。

- 彼は私に、「手伝って」と言った。
  He said to me, "Help me."→He told me to help him.
  (said to me を told me に、Help を to help に、me を him にする)

- 彼は私に、「7時半に起こしてください」と言った。
  He said to me, "Please wake me up at 7:30."
  →He asked me to wake him up at 7:30.
  (said to me を（Please があるので）asked me に、wake を to wake に、me を him にする)
- 彼は私に、「そんなに早く運転しないで」と言った。
  He said to me, "Don't drive so fast."
  →He told me not to drive so fast.
  (said to me を told me に、Don't drive を not to drive にする)
- 彼は私に、「許可なしで僕のコンピュータを使わないで」と言った。
  He said to me, "Don't use my computer without my permission."
  →He told me not to use his computer without his permission.
  (said to me を told me に、Don't use を not to use に、my を his にする)

また、" "の中に、『時や場所を表す言葉』が含まれている場合は、それらを次のように変える必要があります。

now（今） → then（その時）
today（今日） → that day（その日）
tomorrow（明日） → the next day／the following day（その翌日）
yesterday（昨日） → the day before／the previous day（その前日）
tonight（今夜） → that night（その夜）
next〜（次の〜） → the next〜／the following〜（その次の〜）
last〜（前の〜） → the〜before／the previous〜（その前の〜）
this〜（この〜） → that〜（あの〜）
these〜（これらの〜）→ those〜（あれらの〜）
here（ここ） → there（あそこ）

（注意）例えば、「ここ」が今いる場所を指している時は、たとえ主になる動詞が過去形でも here のままで構いません。状況によって判断してください。

* " "内が、歴史上の出来事、ことわざ、現在も変わらない事実や習慣などの場合は、時制を一致させなくても構いません。
* くだけた英語では、時制の一致をするべき文でもそのままの時制で用いることがあります。(詳しくは、日記の注釈を参考にしてください。)

Part 2
日記に使える表現集

第1章　平凡な出来事を日記に書く

● 家でのんびり
今日はそうじをしたり、テレビを見たり、新聞を読んだりして1日中、家で過ごした。
I stayed home all day cleaning, watching TV and reading the paper.

● クラシックで癒しの時間
朝、クラシックを聴いた。静かな癒しの時間が過ごせた。
I listened to classical music this morning. I had a very quiet and relaxing time.

● 疲れたから早く寝よう
今日はすることがたくさんあって、とても疲れた。今夜は早く寝よう。
I had a lot of things to do today, so I'm very tired. I'll go to bed early tonight.

● 脂がのったサバ
今朝スーパーで買ったサバはとても新鮮で、脂がのっていて、すごくおいしかった。
The mackerel that I bought at the grocery store this morning was very fresh, fatty and delicious.

● くだらないとは分かっていても…
ジェリー・スプリンガーの番組を見た。くだらないとは分かっているんだけど、時々どうしても見ちゃうのよねぇ…。
I watched the Jerry Springer Show. I know it's trash but sometimes I can't help watching it.

all day は「1日中」。all day long とすれば「ずっと」という感じが出せる。ここでの paper は newspaper、つまり「新聞」のこと。newspaper の news は［**ニュー**ズ］または［**ヌー**ズ］と発音。

意識的に聞き取ろうとする場合の「～を聴く」は listen to ～。聞こうとする意思があるかないかにかかわらず、「～を聞く、～が聞こえる」という場合は hear。クラシック音楽は classical music、または the classics。

things to do は「するべきこと」。「疲れ<u>た</u>」となっていても今でも疲れていれば、I'm tired. と、現在形を使う。go to bed は「（ふとんに入るという意味での）寝る」で、動作を表す。sleep は「眠る」という状態を表す。early は「（時刻、段階が）早く、早い」、fast なら「（動きが）速く、速い」という意味。

「サバ」は mackerel。ついでに、年令をごまかすという意味での「サバを読む」は fudge ～'s age、または understate ～'s age。この that は関係代名詞。後ろに主語＋動詞が続いているので省略可能。「スーパーマーケット」は grocery store。supermarket でも良い。「脂がのった」は fatty で良いだろう。

Jerry Springer Show とはアメリカのトーク番組の1つ。道徳的・倫理的に反することを話題にあげ、番組中によく乱闘が起きることでも有名。trash は「ごみ」以外に、「くだらないもの」という意味もある。can't help ～ing は「～せずにはいられない」という意味の熟語。ここでは「見ずにはいられない」を「どうしても見てしまう」と訳してある。I can't help watching it. を I can't keep myself from watching it. と置き換えても良い。

● 4時起き

朝4時に起きて、報告書をまとめた。正午までに提出しなければならなかったが、なんとか間に合った。

I got up at 4:00 a.m. and worked on the report. I had to turn it in by noon and I barely made it.

● 満月の夜

今夜の月はとても大きく、本当にきれいだった。星が見えなくなるほど明るかった。

The moon tonight was huge and very beautiful. It was so bright that the stars couldn't be seen.

● 回転寿司

家族で回転寿司へ行った。子供たちが本当にたくさん食べたので、予想以上の出費になった。

I took my family to a *Kaiten-Zushi* restaurant. Our children really ate a lot and I ended up paying much more than I expected.

● 求人募集で職探し

新聞の求人広告をざっと見てみた。新しい募集はナシ。興味を引くような会社はまだない。もう少し探すとするか。

I scanned through the help wanted ads in the paper. Nothing new. There still isn't a company that interests me. I guess I'll keep looking.

英語では時刻の後に a.m. や p.m. がくることに注意。report は「報告書」のことで［ゥリ**ポ**〜ㇳゥ］と発音。学校の「レポート」は（research）paper。turn 〜 in は「〜を提出する」。barely は「かろうじて、わずかに」の意味だが、「なんとか」と訳してみた。ここでの make it は「間に合う」という意味。

huge は「巨大な」という意味で、big を強調した語。2 文目は、so＋形容詞＋(that)〜で、「〜なほど形容詞だ」という構文に当てはめたもの。場合によっては「とても形容詞なので〜だ」と訳されることもある。日本語では「星が見えなかった」のようになっているが、英語では the stars が主語なので couldn't be seen という受け身が続いている。

「家族で〜へ行った」となっているが、車を運転して連れて行った、（ついでに勘定も自分持ち？）という感覚から、英語では I took my family to＋場所. としてある。I went to 場所 with my family. だと、必ずしも連れて行く立場にあるとは限らない。「回転寿司」はそのままローマ字で表しても良いし、merry-go-round sushi restaurant や conveyor belt sushi restaurant としても感じが出る。more than I expected は「私が予想したよりもっと」、これを pay と一緒に用いれば「予想以上の出費」が表せる。

scan（through）〜は「〜にざっと目を通す」。「（要約などをつかむために）〜をざっと急いで読む」なら skim（through）〜。「（全体的に）〜に目を通す」なら look over［through］〜。「求人募集広告」は help wanted ads で、複数形になるのが一般的。ad は advertisement の略。employment ads や job listings でも良い。広告などには "Help Wanted"「求人」と書いてあることが多い。"Wanted" だけだと「指名手配」。Nothing new. は Nothing is new. の is を、または There is nothing new. の There is を取ってカジュアルにした形。company の後の that は関係代名詞で、「私の興味を引く会社」というように、後ろから前にかかるように訳す。すぐ後ろに動詞が続いているので、この that は省略できない。keep 〜ing は「〜し続ける」。looking を searching around と置き換えることもできる。

第 1 章　平凡な出来事を日記に書く

● ピザを取る

アッシとハルが遊びに来た。おなかが空いていたので、ビッグ・パパでピザを注文し、話をしながら食べた。
Asshi and Haru came to see me. We were all very hungry, so we got some pizzas from Big Papa's and ate them while talking.

● お使い

母のお使いをした。郵便局へ行って切手を買い、図書館へ本を返し、母のジャケットをクリーニングに出した。結構、忙しかった。
I ran some errands for Mom. I went to the post office to get some stamps, returned some books to the library and took her jacket to the dry cleaner's. I was quite busy.

● 草取り

庭の草がぼうぼうだったので、草取りをした。全部取るのに2時間もかかった。きれいになったのは嬉しいけど、ひざが痛いよー。
I weeded my garden since it was completely overgrown with weeds. It took me two hours to get all the weeds out. I'm glad it looks much better but my knees are sore.

● ギターの練習

数時間ギターの練習をした。レッスンを習い始めたばかりだから、まだ全然上手くはないけれど、上達ぶりが実感できるとすごく嬉しい。
I practiced my guitar for a few hours. I just started taking lessons and I'm not any good yet. But I'm pleased with myself when I see some improvement.

「遊びに来る」は「僕に会いに来る」と考えて、come to see me で良い。ここでの get は order と同じ意味。pizza は［ピッツァ］と発音。「〜しながら」は「〜している間」と考えて、while で表す。基本的には while we were talking とするのが正しいが、while 節の主語と主節の主語が同じ場合は、while 節の主語＋be 動詞が省略可能になる。

errand は「使い走り、用足し」のこと。本文にあるような「ちょっとした用事」を指す。run の代わりに do や go on などを使うこともできる。Mom は「お母さん」を人の名前の感覚で使っているので大文字で始まっているが、my mother としても良い。ここでの get は buy と同じ意味。dry cleaner's は「ドライクリーニング」。quite は「結構、かなり」という意味の副詞。

weed は、「〜の草取りをする」という動詞にも「雑草」という名詞にもなる。ここでの since は「〜なので」という理由を表し、because との置き換えが可能。completely overgrown with weeds とすれば、「完全に草で覆われた」となって「草がぼうぼう」と表現できる。overgrown の代わりに covered も使える。to get all the weeds out で「全ての草を取るのに」。it looks much better は「もっと良く見える」というのが直訳だが、ここでは「きれいになった」と訳す方が、スッキリして良い。sore は「痛い」。

楽器の前には the を付けると学校で習うが、自分の楽器なら my を使う方が自然。a few は複数名詞に使う「2、3の」という意味。a couple of でも同じ。この any は「全然（〜ない）」という意味で、not を強調。否定文で使われる yet は「まだ〜ない」だが、疑問文で用いられると「もう〜？」という意味になる。pleased は「嬉しい、満足した」という意味の形容詞で、人が主語になる。improvement は「上達、進歩、改善」という名詞。improve はその動詞形。

● 新しいタイプの音楽

ラジオでとてもシャレた音楽が流れていた。パンクみたいな感じなんだけど、尺八と三味線による演奏だった。今までに聞いたことがないような新しいタイプの音楽で、とても気に入った。

I heard a very cool song on the radio. It was sort of like punk but played using *Shakuhachi* and *Shamisen*. It sounded like a new type of music that I'd never heard before, and I loved it!

● ピアノの体験レッスン

娘がピアノに興味を示し始めたので、体験レッスンに連れて行った。楽しそうに弾いていたし、先生のことが気に入ったようで、教室を出る時には、すでにレッスンを受けることを決めていたようだ。

My daughter showed some interest in the piano, so I took her to a trial lesson. She had fun playing, and she liked the instructor. As she was leaving the class, she told me that she had already decided to start taking lessons.

● 抹茶のシフォンケーキ

アキコさんが抹茶のシフォンケーキを作って、英会話教室に持って来てくれた。とてもおいしかった。作り方は簡単だからと、みんなにレシピをくれた。暇があったら私も作ってみようかな。

Akiko baked a green-tea-flavored chiffon cake and brought it to our English class today. It was very yummy! She said it was easy to make and gave us the recipe. I'll try it myself when I get a chance.

1文目は「ラジオで〜が流れていた」となっているが、「私は〜をラジオで聞いた。」と考えれば英作しやすくなる。sort of like 〜は「〜みたいな」という意味で、具体的な例を挙げて説明する時に用いられる。kind of like 〜でも良い。日本独特のものは、そのままローマ字で表せば良いが、あえて英語で説明するなら、尺八は a Japanese vertical bamboo flute、三味線は a Japanese three-stringed banjo-like instrument で通じる。music の後の that は関係代名詞。後ろに主語＋動詞が続いているので省略可能。like 〜 very much を一言で表すと love 〜になる。

show some interest で「興味を示す」。trial は「（能力、性能、良否を判断するための）試し」を意味する。ここでは「試しの」という形容詞。instructor は「先生」、特に習い事や自動車の運転など、特殊技能を教える先生を指す。teacher は学校の先生を指す一般的な語。she told me の後ろの that は「〜ということ」という意味の接続詞で、省略可能。decide to＋動詞の原形で「〜することにする」。「〜し始める」は start 〜ing。start to＋動詞の原形でも良い。

〜 flavored は「〜味の、〜風味の」という意味。ケーキは丸ごと1つなら a cake と数えられる名詞扱い。切ったケーキは数えられない名詞扱いになるので、a piece of cake、two pieces of cake のように言う。yummy は「おいしい」という意味で、女性や子供がよく使う。easy to＋動詞の原形は「〜するのが簡単な、〜しやすい」。try は「挑戦する、やってみる」という意味で、challenge は「人に挑戦する」場合に用いるのがふつう。この myself は「自分自身」だが、なくても良い。when I get a chance は「暇があったら」で、動詞は現在形になる。「暇があったらメールください。」と相手に言う場合は、E-mail me when you get a chance. と、I を you に変えることを忘れないように。

第1章 平凡な出来事を日記に書く

● ポップコーンに飛びつくカモメ

ランチの後、リサ、ジンジャー、私の3人で近くの浜辺へ行った。青年が投げるポップコーンに無数のカモメが飛びつき、時には1つのポップコーンを取り合ってケンカまでしていた。面白い光景だった。

Lisa, Ginger and I went to the beach nearby after lunch. Countless seagulls were catching popcorn that a young man was throwing. Sometimes they fought over a piece of popcorn. It was an interesting scene.

● 大そうじでスッキリ

今日、アパートの大そうじをした。まだ使えるものを捨てるのはもったいないと思ったけど、何年も着ていないような服や読まなくなった本は捨てることにした。部屋が広くなってスッキリした。

I gave my apartment a thorough cleaning today. I thought it was wasteful to throw away still-usable things, but I decided to get rid of clothes I haven't worn for years, books I don't read any more, etc. Now I have more space and it feels really refreshed.

● 感じのいいカフェ

ペギーがつい最近オープンした感じのいいカフェを教えてくれたので、今日友達と行ってみた。確かにモダンで静かな雰囲気の喫茶店で、エスプレッソとチーズケーキがとてもおいしく、値段も手頃だった。これからちょくちょく行ってみよっと。

Peggy told me about a very good café that just opened. I tried it out with a friend today. She was right. It had a modern and calm atmosphere, and their espresso and cheesecake were really good. Besides, the prices were reasonable. I'm sure I'll go there quite often.

英語には書かれていないが、日本語は「3人で」を補った訳にした。the beach nearby は the nearby beach という順序にすることも可能。countless は「無数の、数えられないほどの」。名詞に less を付けると、「〜のない」という意味の形容詞を作ることができる。(例：endless「限りない」、homeless「家のない」、tasteless「味のない」など。) 2文目の that は省略可能な関係代名詞。fight over 〜で「〜のことでケンカする」、ここでは「1つのポップコーンのことでケンカする」、つまり、取り合いしている光景が目に浮かぶ。

thorough cleaning は「徹底的なそうじ」、つまり「大そうじ」のこと。spring-cleaning という言い方もある。全体を I cleaned my apartment thoroughly. としても良い。apartment「アパート」は ment を忘れないように。still「まだ」と usable「使用可能な」をハイフンでつないで things を続け、「まだ使えるもの」を表してみた。get rid of 〜は「〜を処分する」という意味の熟語。clothes と books の後ろにそれぞれ関係代名詞の that または which が省略。for years は「何年も」。years を weeks や days などと置き換えれば、「何週間も」「何日も」と応用がきく。「部屋が広くなった」は I を主語にして、Now I have more space.とすれば簡単に表現できる。

口頭で情報などを与えるという意味での「教える」には tell を使う。teach は「(学科などを) 教える」という意味。café の後ろの that は関係代名詞で、すぐ後ろに動詞のみが続いているので、省略できない。try it out は「(実際に〜かどうか) 試してみる、確かめてみる」という意味。check it out でも良い。3文目の She was right.は「彼女 (が言ったこと) は正しかった」だが、ここでは簡単に「確かに」と訳してある。modern は「モダンな、近代的な」、calm は「落ち着いた」、atmosphere は「雰囲気」という意味。besides は「その上」という意味で、情報を追加する時に使う。beside だと「〜のそばに」という意味になるので s を忘れないように。reasonable は「妥当な」という意味で、値段について用いると、「手頃な、高くない」となる。quite「結構」と often「よく、しばしば」を使って「ちょくちょく」を表してあるが、quite はなくても良い。

姪と甥の子守り

今日は姉の結婚記念日だったので、私が姪と甥の面倒を見ることにし、姉と義理の兄に２人きりで出かけさせてあげた。私ってなんて優しいのかしら！ みんなでトランプをした。弱いふりをして、姪たちにほとんど勝たせてあげたら、すごく自慢げだった。

It was my sister's wedding anniversary today. So I baby-sat my niece and nephew and let my sis and brother-in-law go out alone. How nice of me! Anyway, we played cards. I pretended that they were really good and let them win most of the games. They looked really proud.

家の留守番

親戚のおじさんとおばさんが４日間ほど外出しているので、今日と明日、家の留守番をすることになった。朝と夕方、３匹の犬の散歩をしたけど結構大変だった。でも、こうしてのんびりと田舎の雰囲気を味わうのもいいものだと思った。

My aunt and uncle are out of town for four days, so I'm house-sitting for them today and tomorrow. I walked their three dogs in the morning and evening. That was a lot of work. But I've found it nice to be out here and enjoy the feeling of being in the country.

baby-sit は「(両親の留守中に)子守りをする」という意味。baby があるからといって赤ちゃんだけとは限らない。「姪」は niece、「甥」は nephew といい、英語ではこの順で表すのが一般的。「義理の〜」は 〜-in-law。2文目の sis は sister を短くしたカジュアルな語。ここでの alone は「〜きりで」の意味。How nice of me! は I'm so nice. を感嘆文にしたもの。「トランプをする」は play cards。pretend は「〜のふりをする」。英文は they were really good、つまり「彼らがすごく強い、上手い」となっているが、日本語では「私が弱い」としてみた。let は「(相手が望むことを)〜させ(てあげ)る」という意味。proud は「誇りを持った、高慢な」で、良い意味でも悪い意味でも使われる。

日本語では「おじさんとおばさん」という順になることが多いが、英語では aunt and uncle が一般的。out of town は「町から離れて」だが、特に「旅行中で」「出張中で」というような意味で使われることが多い。baby-sit が「子守りをする」なら、house-sit は「家の留守番をする」。I'm taking care of their house. としても良い。ここでは walk を「〜を歩かせる」という動詞で使ってあるが、I took their three dogs for a walk. のように、名詞扱いしても良い。a lot of work は「たくさんの仕事」、これで「大変な仕事」になる。find には「見つける」以外にも、「〜だと思う、感じる、分かる」という意味があり、何かを経験した後で感想を述べる際に使われる。find A 〜、「A を〜だと思う」という形をとることが多く、〜には形容詞や名詞がくる。ただし、A の部分が長い時は、本文のように、まず A に it を置き、〜の後ろに to ＋動詞の原形で A を続けるとスッキリする。この it は仮の目的語で、実際の目的語は to 以降になる。これは、頭でっかちな文をスッキリさせるための1つの方法である。本文の A は to be out here「ここにいること」と and enjoy the feeling of being in the country「そして、田舎の雰囲気を楽しむこと」を指している。

第1章 平凡な出来事を日記に書く

● お父さんの手伝い

お父さんに床の張り替えを手伝うように言われた。えーっ、そんなことでせっかくの日曜日を無駄にしたくないよーと思ったけど、仕方なく起きて手伝った。最初は面倒だと思ったけど、コツがつかめてきたら結構楽しいと思えた。今日は台所の床が終わり、来週の日曜日は廊下をする予定。

My dad asked me to help him relay the floor in the house. I thought, oh, no, is he going to ruin my Sunday doing stuff like that? However, I had no choice but to get up and help him. First I thought it was really troublesome, but as I got the hang of it, I found it really fun. We finished the kitchen floor today. We'll do the hallway next Sunday.

help 人＋動詞の原形で「人が〜するのを手伝う」、または help 人 with 名詞で「人の〜を手伝う」の形をとる。help his homework（×）「彼の宿題を手伝う」のように help＋名詞は間違い。lay「敷く」に「再び」を表す re を付ければ「張り替える」が表せる。障子などを張り替える場合は repaper。ruin は「〜を台無しにする、〜を駄目にする」という意味。本文に「せっかくの」という英語はないが、ruin my Sunday だけで「せっかくの日曜日を台無しにする」というニュアンスが出る。stuff like that は「そのような事［物］」。have no choice but（to）＋動詞の原形で、「〜以外に選択はない」、つまり、「〜するより仕方がない」という意味。troublesome は「面倒な、やっかいな」、as は「〜するにつれて」という接続詞、get the hang of it は「そのコツをつかむ」。get a handle on it という表現も可能。find it fun は「それを面白いと思う」という意味。

第2章　特別な出来事を日記に書く

● 部屋の模様替え

部屋の模様替えをした。前よりもかなり広く見え、気に入っている。

I rearranged the furniture in my room. It looks a lot more spacious now, and I like it.

● オイル交換

午後、車のオイル交換をした。オイルはセールで買ったし、交換は自分でやったから、かなり安くあがった。

I changed the oil in my car this afternoon. Since I bought the oil on sale and I did it myself, I saved a lot of money.

● バイト初日

今日はバイト初日！　6時半に起床し、工場へ。荷物をサイズ別に分けることが仕事だった。こういう仕事は楽で自分に向いていると思った。

First day of my part-time job today! Up at 6:30 a.m. and to the plant. I was assigned to sort packages by their sizes. I found this kind of job suits for me.

● 新年の抱負

今年の抱負は、英語で日記をつけることと、ラジオでNHKの英語番組を聴くこと。年末までに一人でアメリカへ行けるようになっていたいなぁ。

My New Year's resolutions are to keep a diary in English and to listen to NHK English programs on the radio. I hope I'll be ready to go to the States on my own by the end of this year.

ここでの「模様替え」は、arrange「配列する」に「再び」という意味を表す接頭語の re を付け、rearrange the furniture「家具を配列し直す」とすれば良い。改造する場合の「模様替え」は remodel になる。furniture は数えられない名詞なので、複数でも s は付かない。数える時は a piece of furniture、two pieces of furniture などとする。spacious は「広々とした」という意味の形容詞。比較級を用いて、以前との広さを比較している。

自分でオイル交換をしたのなら1文目の表現で良いが、店などでやってもらった場合は、I had the oil changed in my car. や I had my car's oil changed. となる。on sale は、「セールで」と「発売されている」という2通りの解釈ができるが、ここでは前者の意味。save には「~を節約する、~を蓄える、~を救う」などの意味があり、ここでは「たくさんのお金を節約した」、つまり「安くあがった」ことを表している。

「(アル)バイト」はドイツ語からきた言葉。英語では、part-time job と言う。2文目は、主語と動詞が省略された形。I got up at 6:30 a.m. and went to the plant. がもとの文。be 動詞＋assigned は「割り当てられる、任される」。動詞としての sort は「~を分類する」。この by は「~に基づいて、~によって」という意味。this kind of ~ は「このタイプの~」。kind を type にしても良い。suit は「~に適している」という意味。この find は「~だと思う、~だと感じる」で、特に実際の経験などによって意見を述べる時に使う。ちなみに、少し軽蔑的だが「頭を使わなくてもいい楽な仕事」を brainless job、「低賃金であまり能力を必要としない退屈な仕事」を menial job と言う。

New Year's resolution は「新年の抱負」。本文では「今年の抱負」としてある。to keep と to listen はいずれも「~すること」と訳す to 不定詞。keep a diary は「日記をつける」。継続的に、または習慣的につけることを意味し、keep ~'s diary とすることもある。write in ~'s diary だと、「日記を書く」という1回1回の行為を指す。ready は「準備、用意ができている」という形容詞。ちなみに、prepare は「準備する」という動詞。the States は「アメリカ」のこと。特にアメリカ人が自国を指して言うことが多い。on ~'s own は「1人で、誰の力も借りないで」といっ意味の熟語。続く by は「~までに」。

● メキシカン料理

アリィが夕食に招待してくれた。「チキン・モレ」という名前の料理を作ってくれた。メキシコでは人気のメニューらしい。カレーみたいで、すごくおいしかった。

Ali invited me to her house for dinner. She cooked a dish called "chicken molé", which she said is very popular in Mexico. It was like curry and tasted pretty good.

● 流れ星

生まれて初めて流れ星を見た。小さなロケットみたいだった。一瞬にして消えてしまったので、願い事をする暇などなかったけど、うっとりするような瞬間だった。

I saw a shooting star for the first time in my life. It looked like a small rocket. It disappeared in a flash, so I didn't have time to make a wish. But it was a magical moment.

● ボイラーの故障

娘の家族が我が家のお風呂に入りに来た。ボイラーが壊れてお湯が出ず、おまけに日曜日で配管工にも連絡がとれなかったらしい。明日、ちゃんと直してもらえればいいけど…。

My daughter's family came over to take their baths. She said they can't get hot water because their boiler is broken, and there was no plumber available because it's Sunday. I hope they get it fixed tomorrow.

cook は「(熱を使って)〜を調理する」という意味。サンドイッチやサラダのように熱を使わないものには make を用いる。dish called 〜で「〜という名前の料理」。..., which 〜は関係代名詞の一種で、コンマの前の内容について情報を加えたり、感想を述べたりする時に用いられる。which の後の she said は挿入されているだけなので、取って考えると分かりやすい。she said は「彼女は言った」だが、「らしい」と訳せばスッキリする。最後の文の like は「〜のような」、taste は「味がする」、pretty は「すごく、かなり」という意味。

「流れ星」は shooting star。falling star でも良い。ちなみに「隕石」は meteor。for the first time だけでも「初めて」という意味になるが、ここでは in my life 「生まれて」を加えて強調している。「〜のように見える」は、look like＋名詞、look like＋文、look＋形容詞のいずれかで表す。in a flash は「またたく間に、即座に」で、in an instant という表現も使える。soon や immediately でも良いが、これでは「瞬間」というニュアンスは出し切れない。make a wish は「願い事をする」という決まり文句。magical は「うっとりするような、魔法のような」という意味。

come は「来る」、come over だと「やって来る」というニュアンスだが、日常会話では come と同じ感覚で使われることが多い。take 〜's bath は「お風呂に入る」、take 〜's shower なら「シャワーを浴びる」。〜's は主語に合わせた所有格の代名詞を使うが、〜's の代わりに a を用いることもある。「湯」は hot water。2文目の can't と is だが、主節となる She said の動詞が過去形になっているので、can't は couldn't、is は was というように時制を一致させるのが正しいとされているが、口語英語では、現在もその状況にあれば、たとえ主節の動詞が過去形であっても従属節の動詞は現在形で表した方が自然。because＋文は「〜なので」という理由を表す。plumber は「配管工」のこと。このｂは発音しない。available は「手があいている、利用できる、入手可能な」などといった意味。この fix は「修理する」。get＋物＋動詞の過去分詞形で「物を〜してもらう」という意味。they と get の間に will を入れても良い。

第２章　特別な出来事を日記に書く

● 温泉旅行

週末の3連休を利用して、両親と伊豆へ行った。温泉に入ったり、散歩に出かけたりして自然を満喫した。久しぶりに両親とのんびりした時間を過ごすことができた。

I went to the Izu Peninsula with my parents over the three-day weekend. We took a hot spring bath, went out walking and enjoyed nature to the full. I spent some quality time with them for the first time in ages.

● サーカス

午後、2人の子供をサーカスに連れて行った。2人とも、空中ブランコや綱渡り、ゾウの樽歩き、その他の曲芸に感動していた。人間や動物にあんな技ができるとは信じがたかった。

I took my two kids to the circus this afternoon. They were impressed by the acrobats on the flying trapeze, wire acts, elephants walking on barrels and other acrobatic feats. It was hard to believe that humans and animals could do such feats.

● ベビーシャワー

桂子さんと博史さんのベビーシャワーに行った。2人とも第一子の誕生にワクワクしてる、そんな感じだった。予定日は1月5日、そう私の誕生日。お祝いに、よだれかけ、ほ乳びん、毛布、それにこれから必要になりそうな物をあげた。気に入ってもらえて良かった。

I went to a baby shower for Keiko and Hiroshi's baby-to-be. They looked thrilled about having their first baby. The due date is January 5th, my birthday! I gave them bibs, baby bottles, a rattle, a blanket and other things they'll need. I was glad that they liked my gifts.

peninsula は「半島」のこと。ここでの over は「（時間的な）〜にわたって」の意味。three-day のようにハイフンが使われている時は、day に s が付かない。「満喫する」は、enjoy「楽しむ」と to the full「十分に」で表現できる。to the full の代わりに、fully や to 〜's heart content「心ゆくまで」を用いたり、単に I really enjoyed nature. としても良い。spent「過ごした」を had と入れ替えることもできる。quality time とは、「仕事やその他の心配事を一切忘れてのんびり過ごす時間」のこと。「久しぶりに」は、for the first time「初めて」と in ages「長い間に」を組み合わせて、「この長い間で初めて」と考える。ages は a very long time をカジュアルにした語。

impressed は「感動した」という形容詞。特に強い印象を与えられたような場合に用いる。acrobats は「曲芸師」、flying trapeze は「空中ブランコ」、wire acts は「綱渡りなどの芸」、elephants walking on barrels は「ゾウの樽歩き」、acrobatic feats は「曲芸」のこと。hard to believe は「信じがたい」、believe の後ろの that は接続詞で省略可能。humans は「人間」という意味。「技、技術」の言葉の使い分けだが、「離れ技」は feat、「手品、芸当」は trick、「手で物を作る技術」は craft、「熟練を必要とするような特殊な技能」は skill、「科学知識や理論を実用化する技術」は technology、「広く一般的に用いられる技術」は technique となる。

ここでの shower はプレゼントを持って集まるパーティを指す。baby shower は出産を控えた女性を祝うパーティ。bridal shower は結婚を控えた女性を祝うパーティ。baby-to-be の to-be は「なる予定の」という意味。thrilled は喜びと興奮でいっぱいの「ワクワクした」感じ。excited と置き換えることもできる。due date は「予定日」のこと。due には「〜する予定で」という意味があり、3文目は Her baby is due on January 5th. と表すことも可能。bib は「よだれかけ」、baby bottle は「ほ乳びん」、rattle は「（赤ちゃん用の）ガラガラ」、blanket は「毛布」のこと。things の後ろには関係代名詞の that が省略されている。I was glad の後ろの that は「〜ということ」を表す接続詞で、これも省略可能。最後の文は、「彼らが私のプレゼントを気に入って嬉しかった」というのが直訳だが、「気に入ってもらえて良かった」とする方が自然。

● 携帯電話の買い替え

携帯電話が壊れたので新しいのを買いに行った。カメラ付きのが欲しかったけど、すごく人気があるらしく、5週間待ちになると店の人に言われて、あきらめた。携帯なしでそんなに長い間過ごせないよ！ 結局、ふつうのを買った。

My cell phone broke, so I had to go buy another one. I wanted to get one with a built-in camera, but the lady said it's very popular and there would be a five-week wait! Oh, forget it! I can't go without one that long! So I got an ordinary one.

● 携帯のデータ入力

古い携帯から新しいのに、友達の電話番号やメールアドレスなどを入力し直したが、完全に移すのに半日もかかった。200人もの名前が入っていて自分でもびっくりした。うち何人かは、もうそれほど必要がないので削除しておいた。あ〜、親指が痛い。

I transferred all my friends' numbers, e-mail addresses, etc. from my old cell phone into my new one. It took me half a day to completely move the data. I was amazed that I had 200 names and numbers stored. Some of them are not so important to me any more, so I deleted them from the list. Oh, my thumb aches!

「携帯電話」は、cell［cellular］phone。mobile phone でも良い。日本文は「買いに行った」となっているが、英文では had to go、「買いに行かなければならなかった」と、携帯の必需性を含めた表現がされている。go と buy の間に to が省略されている。4ヶ所ほど one という言葉が使われているが、これらはすべて同じ名詞の繰り返しを避けるための代名詞で、cell phone を指している。it も同じ名詞の繰り返しを避けるために使われる代名詞だが、用法が異なる。it は特定のものを指すのに対し、one は不特定のものを指す。(例：(1) I've lost my cell phone. I'm looking for it now.「携帯をなくしてしまった。今、それを探している。」(2) I don't have a cell phone. I want one.「私は携帯を持っていない。1つ欲しい。」) built-in は「内蔵の」という意味の形容詞。「店の人」は、簡単に the lady で表してあるが、男性なら当然 the man になる。the clerk なら男女どちらにでも使える。日本語は「店の人に言われた」と受け身的な表現がしてあるが、英語では「店の人が言った」がふつう。five-week wait は「5週間待ち」で、この wait は名詞。forget it は、「(大したことではないから) 気にしないで」というような意味。本文では「そんなに待つなら他のでいい」という気持ち。訳は単に「あきらめた」としてある。that long の that は「そんなに」という意味の副詞。ordinary は「ふつうの、平凡な」という意味。

transfer は「〜を移す」。ここでは、「携帯に情報を移す」ということで、「入力する」という意味を表すことができる。friends' は、friends (複数の友達) に所有を表す ' (アポストロフィ) が付いているので、「(複数の) 友達の〜」という意味。' の位置がずれて friend's になると「(1人の) 友達の〜」、friends のように ' がなくなると「(複数の) 友達」というように、意味が少しずつ変わるが発音は全て同じ。会話では前後から意味を判断するしかない。電話番号は number、phone number、telephone number のどれでも良い。「半日」は half a day または a half day。completely は「完全に」、amazed は「驚いた」という形容詞、numbers stored で「入力されている番号」、delete は「〜を削除する」の意味。最後から2文目に、so が2度使われているが、最初の so は not と用いて「それほど、あまり」、2つ目は「だから」という意味。thumb の b は発音しない。

● 送別会

仕事が終わってからマコチンの送別会をした。来月タイへ転勤し、3年は帰って来られないらしい。あちらで働くことを楽しみにしている様子だった。有能だし一緒に仕事しやすいから、きっとタイでもうまくやっていけるだろう。これから寂しくなるなぁ。

We threw Mako-chin a going-away party after work. He's transferring to Thailand next month, and it'll be at least three years before he's back again. He seems to be looking forward to working in the new office. He's capable and easy to work with, so I'm sure he'll do really well in Thailand, too. We'll miss him.

● 電話ですれ違い

今日はユキと電話ですれ違ってばかりだった。留守電に彼女からメッセージが入っていたのでかけ直したけれど、いないようだったのでメッセージを残しておいた。2時間後に彼女から電話がかかってきたけれど、今度は私がまた留守にしていた。こちらからまたかけ直してみると、今度は話し中だった。少し待ってから電話してみたら、やっとつながった。これほどうまい具合いにすれ違うなんて…と、2人で大笑いしてしまった。

Yuki and I played phone tag today. I got a message from her on my answering machine, so I called her back. But she wasn't in so I left her a message. She called me back again after 2 hours but then I was out again. So, I gave her a call back but her line was busy. I waited for a while and tried her again. Then I finally got a hold of her. We laughed so hard about missing each other like that.

going-away party は「送別会」のこと。farewell party や good-bye party などでも良い。「パーティを開く」は throw a party、give a party、hold a party などと言う。具体的に誰のパーティーなのかを表す場合は、動詞のすぐ後ろに人の名前を、または party の後ろに for＋人 を加える。transfer は「転勤する」、ここでは確実に決まっていることなので、現在進行形で未来の予定を表している。「タイ」という国名は Thailand。... it'll be at least ... back again. は「彼が戻るまでに最低 3 年はある」、これで「3 年は帰って来られない」と表してみた。seem は外観や内面的なものから判断し、「～のようだ」と言いたい時に用いる。look forward to ～は「～を楽しみにする」という熟語。～には名詞または動詞の ing 形がくる。capable は「有能な」。easy to work with は「一緒に仕事しやすい」。work を talk に変えれば「話しやすい、気さくな」と応用がきく。I'm sure の後に接続詞の that が省略されている。ここでの miss は「～が（い）なくて寂しく思う」という意味。

play phone tag とは、電話をかけ合うものの、お互いに留守中でメッセージを残し合うことをいう。answering machine は「留守番電話機」のこと。単に machine でも良い。本文に出てくる in は「家にいる」、out は「外出している」という意味。finally は「やっと、ついに」で、at last という熟語を用いても良い。get(a)hold of ～は「～をつかまえる」。電話でなら、これで「～につながる、～と連絡がとれる」といった感じになる。最後の文にある missing は「会いそこねること」つまり、「すれ違い」という意味の名詞だが、日本語は動詞のような訳になっている。ついでに、電話に関する表現をいくつか挙げておこう。「～に電話する」は call ～、call ～ up、give ～ a call、ring ～ up、give ～ a ring、give ～ a buzz（スラング）…など。「～に電話をかけ直す」は call ～ back、give ～ a call back など。本文に try ～ again という表現もあるが、これも「また～にかけてみる」いった意味になる。「～に伝言を残す」は leave ～ a message、「電話に出る」は answer the phone、「～は電話中」は～ is on the phone、～ is making a phone call など。「話し中（でつながらない）」は The line is busy. となる。

● 久しぶりの着物

着物でお茶会へ行った。10年ぶりに着たので、最初は少し着心地が悪い感じがしたけれど、時間がたったら気にならなくなった。着物を着ていると穏やかな気持ちになるから好き。それに、話し方、歩き方、食べ方、動作などにも気を付けるようになるから、上品にも見える。もっと着るようにした方がいいかしら。

I went to a tea party in a kimono. It was the first time in 10 years that I put one on, so it felt a bit uncomfortable at first. But later it didn't bother me at all. I like being in it because I feel calm. And I have to pay attention to the way I talk, the way I walk, the way I eat, the way I behave, etc., so I look elegant. Maybe I should wear it more often!

● ガレージセールの手伝い

ヘレンが来週オーストラリアに帰るので、今日、ガレージセールを手伝った。ベッド、ひじかけいす、ヒーター、テレビ、冷蔵庫、ファックス付きの電話、机、掃除機、小さなテーブル、ランプ、台所用品など、ほとんど全て売れた。彼女の希望額より若干少なかったけど、だいたい売れたことについては喜んでいた。手伝ったお礼として、夕食をおごってくれた。

Helen is going back to Australia next week. She threw a garage sale today and I helped her with it. We sold pretty much everything: her bed, armchair, heater, TV, fridge, phone & fax, desk, vacuum cleaner, coffee table, lamp, kitchen stuff and so on. She made a little less than she was hoping, but she was happy to get rid of most of the stuff. She really appreciated my help and treated me to dinner.

1文目と4文目の in はいずれも「(服など)を着て、〜を身につけて」という意味の前置詞。2文目の put one on の one は a kimono を指している。put 〜 on は「〜を着る」という意味の熟語。uncomfortable は「心地が悪い」というような意味で、服なら「着心地が悪い」、いすやソファーなら「すわり心地が悪い」となり、主語を I にすれば「落ち着かない」、「窮屈な」といった意味にもなる。bother は「〜を悩ます、〜に嫌な思いをさせる」という意味があるため、否定文で「気にならない」と訳してみた。ちなみに、Don't bother. は「どうぞお構いなく」、Don't bother me! は「私のじゃまをしないで!」という意味で、me の有無で内容がかなり変わるので注意が必要。pay attention to 〜は「〜に注意を払う」という意味。ここでの way は「方法、やり方」という意味。elegant は「上品な」。graceful にしても良い。maybe I should+動詞の原形で、「〜した方がいいかも」というニュアンス。

garage sale は、「自宅で行う中古家庭用品の安売り」のこと。特に引っ越しの前にする人が多い。pretty much everything は「ほとんど全て」。almost everything でも良い。fridge は「冷蔵庫」のことで refrigerator を短くしたもの。ちなみに「冷凍庫」は freezer。phone & fax は phone with fax でも良い。coffee table はソファーの前に置いてあるような「低いテーブル」のこと。kitchen stuff の stuff は「物」という意味で、things を口語的にしたもの。and so on は例を列挙した後に付けて「などなど」を表す。and so forth や etc.(ラテン語の et cetera の略)でも良い。make には「(お金を)儲ける、手に入れる」という意味がある。本文の、She made a little less than she was hoping. は意味が取りづらいかもしれないが、less の後ろに money を補い、次のように前から訳すと分かりやすい。「彼女は、儲けた、少し少なめのお金を、彼女が希望していたよりも」。money は状況から判断できるので省略してある。get rid of 〜は「〜を処分する」という意味の熟語だが、前後から sell のことだと分かる。最後の She really appreciated my help. は、「彼女は私の手伝いをすごく感謝した」というのが直訳だが、スッキリ簡単に「手伝ったお礼として」と訳してみた。treat 人 to 〜で「人に〜をおごる」。

第2章 特別な出来事を日記に書く

● オープンカーでドライブ

レイが仕事で東京に来ている。1日だけ午後に時間があるということで、豊橋まで会いに来てくれた。すごく天気が良かったので、私の赤いオープンカーでドライブに出かけ、近況報告をし合った。ニューヨークでビジネスがうまくいっているらしく、それは私にとっても嬉しかった。ドライブしかしていないけど、とても楽しい午後だった。

Wray is in Tokyo on business and he had one afternoon free, so he came down to Toyohashi to see me. It was a gorgeous day, so we put the top down on my red convertible and went cruising. We had so much to catch up on, and I was really glad to hear that he's doing well with his business in N.Y. We did nothing but drive, but we had a terrific afternoon.

● アカスリ

今日、韓国式のアカスリに行った。まず、ジャグジーに入って毛穴を広げ、長い台の上に横になった。そして、韓国人の女性が目の粗い布でゴシゴシとこすると、体からポロポロとアカが出始めた。自分では清潔にしている方だと思っていたのに、驚くほどのアカが出てきて信じられなかった。アカスリのあと、肌がすごく滑らかで柔らかくなった。これから年に数回はアカスリした方がいいだろうなぁ。

I tried a Korean-style body scrub today. First I soaked in a Jacuzzi to make my pores open. Then I lay down on a long table and a Korean woman scrubbed my body with a rough cloth. Then a whole a lot of dirt started to come out. I was amazed to see how dirty my body was. I thought it was pretty clean but it actually wasn't. After the scrub, my skin felt very smooth and soft. I guess I should get that at least a few times a year from now on.

on business は「仕事で」、one afternoon free は「予定が入っていない、ある日の午後」という意味。この free は「暇な、あいている」。came down to Toyohashi の down はなくても良いが、豊橋は東京より下の方に位置しているので、あるとより具体的になる。「天気が良い」の「良い」は、fine や nice よりも gorgeous や beautiful という形容詞を使った方が、「快晴」という感じが出せる。「(車の上部を開けて) オープンにする」は put the top down で表す。drop the top（down）としても良い。go cruising は go driving や go for a drive のスラング的な言い方。「オープンカー」は convertible。catch up on には「(最新情報などを) 手に入れる」という意味がある。この最新情報をお互いの近況報告と考えれば分かりやすい。do nothing but ~ は「~以外は何もしない」、つまり「~しかしない」という意味の決まり文句。We did nothing but drive, but...の最初の but は「~以外は」、2つ目は「でも」という意味。terrific は good や nice を強調したもの。fabulous や excellent、fantastic などの大げさな形容詞を用いるのも、ネイティブらしくて良い。

「韓国式のアカスリ」は Korean-style body scrub で通じるだろう。scrub は「ゴシゴシ (こする)」という意味。soak は「~に浸かる」、Jacuzzi はジェットバスを指す商品名で、[ヂャクーズィ] と発音。「毛穴」は pores。make ~'s pores open で「毛穴を開いた状態にさせる」という意味。「横になる」は lie down または lay ~self のどちらかで表すが、動詞の活用がややこしいので注意。lie の活用は lie-lay-lain、lay の活用は lay-laid-laid。rough cloth は「目の粗い布」。a whole a lot of の a whole は a lot of を強調する語で、「本当にたくさんの」という感じ。体の「アカ」は dirt。amazed は surprised を強調した語で「すごく驚いた」という形容詞。how dirty my body was は「自分の体がどんなに汚かったか」。日本語は全体的に意訳してある。I thought の後ろの it と but の後ろの it は、my body を指している。I guess I should+動詞の原形 は「~した方がいいだろうなぁ」という意味。get that の that は「それ」、つまり「アカスリ」のこと。at least は「少なくとも」。「年に数回」という頻度を表す表現は、英語では回数が先にくる。例えば、「1日1回」なら once a day、「1週間に2回」なら twice a week、「年に3回」なら three times a year となる。ちなみに3回以上は、数字+times で表す。from now on は「今後、これから」といつ意味で、「ずっと」というニュアンスが含まれている。

第2章 特別な出来事を日記に書く

第 3 章　ワクワクしたこと・楽しみなことを日記に書く

● 新しい家族の一員

今週の日曜日にペットショップへ犬を買いに行く。待ち遠しいよー。

We are going to the pet shop to buy a dog this Sunday. I can't wait!

● 気に入ってもらえるといいな

彼氏の誕生日プレゼントに、セーターを編んだ。気に入ってもらえるといいな。

I knitted a sweater to give my boyfriend for his birthday. I hope he likes it.

● 明日はユニバーサルスタジオ

光紀子ちゃんと明日、ユニバーサルスタジオへ行く。初めてのユニバーサルスタジオ！ 楽しみだなぁ。

Mikiko and I are going to Universal Studios tomorrow. It's our first visit! We're really thrilled!

● もうすぐクリスマス

もうすぐクリスマス！そろそろ友達や家族のプレゼントを探し始めないと…。

Christmas is just around the corner. I should start looking for some presents for my friends and family.

● こいのぼり

あと 3 週間もすれば、こどもの日がやってくる。今日、庭にこいのぼりを出した。息子たちは嬉しそうだった。

Children's Day is coming up in 3 weeks. We put carp streamers up in our yard today. Our sons looked really happy.

最初の to は行き先を表す「〜へ」、2 つ目の to は目的や理由を表す「〜しに、〜するために」の意味。1 文目の主語が we になっているのは家族で行くからである。ここでは、どのペットショップへ行くのかが決めてあるので the、どの犬を買うのかはまだ決めていないので a が用いられている。I can't wait! は「待ちきれない、待ち遠しい」という意味の決まり文句。

knit は「〜を編む」。sweater は「セーター」のこと。to give は「あげるための［に］」。I hope 人（will）like it. は、「〜に気に入ってもらえるといいな」という決まり文句。プレゼントなどを渡す時は、I hope you like it. と言う。日本語の「お気に召すか分かりませんが」もこれで良い。hope の後ろに接続詞の that が省略されている。

1 文目は I am going to Universal Studios with Mikiko tomorrow. としても良い。主語が「〜と私」や「私と〜」になる場合、英語ではいつも I が最後にくることに注意。2 文目の visit は名詞。直訳した「初めての訪問」では少しぎこちないので、「初めてのユニバーサルスタジオ」と訳してみた。thrilled は「嬉しくてワクワクするような」という形容詞。excited でも良い。

〜is（just）around the corner. は「もうすぐ〜だ、〜は間近だ」という意味の決まり文句。「すぐそこの角まできている」という感じ。〜 is coming up soon. という表現も可能。start looking for 〜で「〜を探し始める」。start to look for 〜でも悪くはないが、口語では ing 形の方がふつう。

「こどもの日」は Children's Day。〜 is coming up で「〜がやってくる」。put 〜 up は「〜を掲げる、〜を設置する」の意味。carp streamers は「こいのぼり」。yard は「庭」のこと。ここでの happy は「嬉しい」という意味。必ずしも「幸せな」とは限らない。

第 3 章　ワクワクしたこと・楽しみなことを日記に書く

● めがねで雰囲気を変える

今日、新しいめがねを注文した。1週間かそこらで出来上がる。もっとオシャレな雰囲気になれるのが、今から楽しみだ。

I ordered a new pair of glasses today. They'll be ready in a week or so. I'm excited about having a more stylish look.

● シャキーラのコンサート

2日後はシャキーラのコンサートだ。興奮して他のことが考えられない。彼女はセクシーでかわいい。早く本物を見たいよー。

Shakira's concert is in two days! I'm so excited that I can't think about anything else. She's sexy and cute. I can't wait to see her in person.

● カラオケで1時帰宅

昨日の夜、友達とカラオケに行き、夜中の1時まで歌い続けた。すごく楽しかったけど、今日はくたくたで声も出なかった。

I went to karaoke with friends last night and we kept on singing until 1:00 in the morning. We had so much fun but we were beat and hoarse today.

● 懸賞が当たった

数ヶ月前に雑誌の懸賞に応募した。今日、マウンテンバイクが当たったという通知が届いた。マジで？って感じ！ 今週末に配達してくれるという事だった。めちゃくちゃ嬉しい！

I entered a prize competition in a magazine a few months ago, and I got a notice that I've won a mountain bike! Unbelievable! They said they'd deliver it to me this weekend. I'm so happy!

「めがね」は常に複数形で用いる。数える時は a pair of glasses、two pairs of glasses となる。2 文目の主語は glasses を受けて、they になっている。この in は「〜後に」という意味で、未来のことについて使う。or so は「〜かそこら」。stylish は「オシャレな、イキな」という意味。I'm excited about 〜ing は「〜することにワクワクしている」という意味だが、ここでは単に「今から楽しみだ」としてみた。

so 形容詞（that）+can't を含んだ文は、「とても形容詞なので〜できない」という意味。これは、too 形容詞 to 動詞の原形に置き換えることができる。can't think of anything else は can't take 〜's mind off it としても良い。後者は「そのことが頭から離れない、そのことを考えずにはいられない」という意味。最後の in person は「自ら、直接」という熟語。これで、「実際に会う」となり、「本物を見る」という訳になる。

keep on 〜ing で「〜し続ける」。on はなくても良いが、あると「ずっと」という感じが出る。until は「〜まで」。till も同じ。あえて言えば until の方がやや改まった響きで、文頭で用いられたり、後ろに句や節が続いたりすることが多い。夜中の 1 時は、1:00 in the morning で表す。beat は very tired という意味のスラング。hoarse は「かすれ声の」という形容詞。

enter は「〜に申し込む、〜に入る」、prize は「賞」、competition は「競争、試合」という意味。これらを組み合わせれば「懸賞に応募する」を表せる。notice は「通知」。この win は「〜を勝ち取る」、つまり「〜に当選する」という意味。prizewinner だと「懸賞当選者」になる。日本語は「通知が届いた」となっているが、英語は主語を I にして「通知を受け取った」と表すのが一般的。notice の後ろの that は後ろから前にかかるように訳す「〜という」。unbelievable は「信じられない」という意味だが、ここでは若者の口調で訳してある。They said の They は雑誌社を指している。said の後ろに接続詞の that が省略。they'd は they would の短縮形で、said に時制を合わせて will を would にしたもの。

● 友達の家族が遊びに来る

恵子さんからメールが届いた。8月に信哉さんとマヤちゃんと遊びに来るらしい。あれから4年になるんだぁ…。きっとマヤちゃん、大きくなっているんだろうなぁ。みんなに会うのがすごく楽しみ！

I received an e-mail from Keiko. She said she will come visit me with Shinya and Maya in August. Wow, it's been four years! I'm sure Maya is a big girl now. I'm really looking forward to seeing them.

● 昔の同僚にばったり

地下鉄のプラットフォームで昔の同僚にばったり会った。11年ぶりだったが、お互いすぐに気付いた。あまり話す時間がなかったので、金曜日に飲みに行くことにした。彼の近況を聞くのが楽しみである。

I ran into an old co-worker at the subway platform. Though it was the first time in 11 years, we recognized each other right away. Since we didn't have much time to talk, we decided to go out for drinks this Friday. I can't wait to hear what he's been doing.

● ついに結婚

ジュリアが来月ついに結婚する。一生独身でいるんじゃないかって皆思っていたけど、とうといい人が見つかったみたいで、本当に良かった。さぁ、彼女の結婚式に何を着て行こうか考えなくっちゃ。

Julia is finally getting married next month. We all thought she might stay single for the rest of her life, but she finally found her Mr. Right. We are really happy for her. Well, I should start thinking about what to wear to her wedding.

「メールが届いた」となっていても「メールを受け取った」と考えれば良い。e-mail は数えられない名詞だが、最近では数えられる名詞扱いすることも多い。She said she will... の will は、文法的には時制を said に一致させた would が正しいとされるが、口語では、実際にまだ起きていない未来の予定は未来形のままでも良い。come visit me で「遊びに来る」。come の後ろに to または and が省略されている。It's been 期間. で「(最後に〜した時から)〜の期間が経つ」という意味。この it's は it has の短縮形。ここでの big は「成長した」という意味。look forward to 〜ing で「〜するのを楽しみにする」という熟語。to の後ろでも動詞の ing 形が続くことに注意。名詞を続けても良い。

run into 〜で「偶然〜に会う」という意味。bump into 〜でも良い。「同僚」は co-worker。colleague でも良い。Though は「〜にもかかわらず」という意味。Although も同じ意味だが、こちらの方が形式的。the first time in＋期間で「〜ぶり」。recognize は「〜が見て分かる、〜に気付く」、right away は「すぐに」。文頭にくる Since は理由を表す「〜なので」。time to＋動詞の原形で「〜する時間」。much は数えられない名詞の前に付く「たくさんの」という意味。口語では much を否定文で使うことが多く、肯定文では a lot of の方が自然。go out for drinks は「飲みに行く」。what he's been doing は「彼がずっと何をしてきたか」というのが直訳。これで「彼の近況」となる。この he's は he has の短縮形で現在完了。

「(〜と) 結婚する」という行為は get married (to 〜)。to を with にするミスが多いので注意。marry 〜でも良いが、こちらは to が不要。「結婚している」という状態は be 動詞＋married で表す。marriage は「結婚」という名詞。marriaged (×) のように、名詞を過去形にするミスも多いので注意。この might は「もしかしたら〜かもしれない」の意味。stay single は「独身のままでいる」、for the rest of 〜's life は「〜の残りの人生ずっと」、これで「一生」という意味になる。all 〜's life でも良い。ちなみに、She's not the marrying kind. とすると「彼女は結婚するようなタイプではない。」となる。Mr. Right は「いい人、結婚相手」などの意味で、女性が使う言葉。男女どちらにでも使える言葉は the one。happy だけなら自分のことに対して「嬉しい」、happy for＋人は「〜のことを嬉しく思う」となる。what to＋動詞の原形で「何を〜したら良いか」。ここでは「何を着たら良いか」。

● 結婚式での出会い

友達の結婚式に出席した。素敵な式だったが、披露宴はもっと良かった。みんなで食べて飲んで歌って踊って話をして…。本当に盛り上がった。花嫁の友達の1人と知り合い、電話番号をゲット！すごくかわいい子だった。近いうちにデートに誘ってみようっと。

I went to my friend's wedding. It was a lovely ceremony but the reception was even better. We ate, drank, sang, danced, talked, etc. We all had a ball. I met one of the bride's friends and got her number. She was a real babe. I'll ask her out one of these days.

● 同窓会の案内状

高校の同窓会の案内状が届いた。「出席」に丸を付けて投函し、さっそくスケジュール帳にも書き込んでおいた。卒業してからもうすぐ20年。ほんとに早い。みんな変わったのだろうか。何をしているのだろう…。とても待ち遠しい。

I received an invitation to my high school reunion. I marked "I will attend." and put it in the mail. I also put it in my calendar right away. It's been almost 20 years since we graduated. Time really flies. I wonder how everyone looks, what they're doing…. I can hardly wait.

weddingは「結婚式」、(wedding) receptionは「披露宴」のこと。betterはgoodの比較級。2つの物事を比べた時の、「両方とも良いけれど、〜の方がもっと良い」という意味。これにevenを付けると比較級をさらに強めることができる。have a ballは「楽しい時間を過ごす」という意味の口語表現。ballをblastにしても良い。numberは「数字」という意味だが、〜's numberとすれば「〜の電話番号」のことになる。babeは「魅力的な子」という意味。特に男性が女性に使うことが多い。ask 〜 outは「〜をデートに誘う」という意味の熟語。one of these daysで「近いうちに」。these daysだけなら「最近、近頃」。

「案内状」はinvitation。口語ではinviteとすることもある。reunionは「同窓会」だが、ふつうはclass、collegeなどの言葉を加えて具体的に表す。markには「印を付ける」という意味があり、これで「丸を付ける」を表している。もちろんcircle「丸で囲む」としても良い。ただし、アメリカでは○よりも、×や√を付けることが多い。2文目のput it in the mailのputは「〜を入れる」、全体で「投函する」。3文目のput it in my calendarのputは「〜を記入する」という意味。calendarは「カレンダー」だが、my、yourなどの代名詞が付くと「スケジュール帳、予定表」を指す。right awayは「さっそく」、immediatelyやat onceでも良い。right offならかなり口語的。4文目のsinceは「〜以来」。we graduatedで「卒業して以来」を表しているが、since our graduation「卒業以来」とすることも可能。Time flies.は「光陰矢のごとし」という意味のことわざ。これにreallyを加えて時の早さを強調している。I wonderは「〜かなぁ」という自分への問いかけ。後ろにhow、what、where、whenなどの疑問詞＋文が続く。疑問詞の代わりにif「〜かどうか」が続くことも多い。最後の文のhardlyは「ほとんど〜できない」という意味。したがってnotを使わなくても否定の意味になる。ここでは、「ほとんど待てない」→「とても待ち遠しい」と訳してある。ちなみに、形容詞にlyをつけて副詞にすることがあるが、hard「熱心な[に]」はそのままで形容詞と副詞の両方を兼ねそろえている。hardlyにすると上記のような、まったく違う意味になるので注意。

● 別荘でパーティ

エリックの両親が一晩別荘を使わせてくれるというので、みんなでパーティをした。DJのチャールズがイケてる曲をかけ、他のみんなはビリヤード、ダーツ、マージャンをしながら、飲んで大さわぎした。親がそばにいないというのはいいものだ！本当に楽しい夜だった。

Eric's parents let us use their second house for a night, so we threw a party there. Our DJ friend, Charles, played cool tunes, and the rest of us played pool, darts and mah-jongg. We drank and laughed a lot. It was great not to have parents around. It was really a riot of a night.

● いい仕事ができそう

近々一緒に働くことになる予定の鈴木さん、福島さん、三浦さんと一緒に食事をした。すぐに意気投合し、本当にいい話し合いができた。あの方たちとならいい仕事ができそう、もうそんな予感がしている。実際に仕事をともにする日が待ち遠しい。

I had dinner with Ms. Suzuki, Mr. Fukushima and Mr. Miura, who I'll probably be working with in the near future. We hit it off right from the start, and had a really nice conversation. I already have a feeling that we'll make great business associates. I can't wait to actually work with them.

let 人＋動詞の原形は「人に～させてあげる」という意味。許可したり、本人の意思を尊重したりする場合の「～させる」。let を make にすると「無理に～させる」という感じになる。「別荘」は second house。夏用なら summer house。throw は「(パーティなど)を開く」、DJ は disc jockey の略。tune は「曲」。song や music でも良いが、music は数えられない名詞ということに注意。the rest of us は「(自分を含めた)残りのみんな」、us を you に変えれば「(自分を含まず相手を含めた)残りのみんな」、them なら「(自分と相手を含まない)残りのみんな」。「ビリヤードをする」は play pool。play billiards としても良いが、billiards の場合は s を忘れないように。laughed a lot は「大笑いした」という意味だが、話の流れから「大さわぎした」と訳してある。riot は「暴動」のことだが、「すごく楽しい時間」や「面白い人」などといった意味でもよく使われる。最後の文は、It was really a blast. や We had a blast. などでも良い。

Mrs.(既婚女性) や Miss (未婚女性) という敬称だが、最近はこれらを区別しない Ms.([ミズ]と読む) が一般的。1文目の who は関係代名詞で、文語では whom が正しいとされているが、会話では who の方が自然。「一緒に働く」わけだから、work の後ろに with が必要。忘れやすいので注意。in the near future は「近い将来」。hit it off は「意気投合する、うまが合う」という意味の熟語。from the start は「初めから」、これに right を付けて強調しているが、特に訳す必要はない。have a feeling (that)～は「～だという予感がする」という意味。この that の後ろには文が続くため、省略しても構わない。ここでの make は become 「～になる」と同じ意味。business associate は「仕事仲間」という意味で、職場が違う場合でも使える。「良い仕事仲間になれそう」というのが直訳だが、ここは「いい仕事ができそう」と訳してみた。

第4章　嬉しかったことを日記に書く

● こづかいアップ

お母さんがこづかいを500円増やしてくれた。やったぁ！

Mom gave me a 500-yen increase in my allowance. Great!

● パーマでイメージ・チェンジ

3年ぶりにパーマをかけた。イメージ・チェンジできて嬉しいな。

I got a perm for the first time in 3 years. It gave me a new look and I'm really happy with it.

● 母の日の贈り物

母の日に子供たちから花束をもらった。たくさんの素敵な赤いバラで、とても感動した。

I received a bouquet from our children on Mother's Day. It was lots of gorgeous red roses. I was really touched.

● 帰宅途中の電車の中で

電車の中で、とても美しい女性が私の横に座った。甘い香りがし、1日の疲れがさっと取れた。少し緊張したけど、すごく幸せだった。

A very beautiful woman took the seat next to me on the train. She smelled sweet and that took my tiredness away. I was a bit nervous but very happy.

Mom は「お母さん」を人の名前の感覚で使った語。my mom や my mother としても良い。increase は「増加、拡大」などといった意味。スペルは同じだが、名詞なら［イ ンクゥリース］、動詞なら［インクゥリース］というように、品詞によってアクセントの位置が変わることに注意。「やったぁ！」は Great! のほか、Cool! や Fantastic! などでも表せる。

「パーマ」は permanent。短縮形は perm。ここでは「パーマをかけた」を I got a perm.と表しているが、I had my hair permed.「（美容院などで）パーマをかけてもらった」のように表すことも可能。I permed my hair.だと自分でパーマをかけたことになる。~ give 人 a new look は「人が~でイメージ・チェンジする」という意味で、外見上の変化をいう。人を主語にして、~ look really different としても良い。なお、change ~'s image とすると、外見だけでなく中身までガラリと変わることを指す。

bouquet は「花束」。「母の日」は Mother's Day。2文目の it は the bouquet を指している。lots of ~は「たくさんの~」で、a lot of ~と同じ。gorgeous は「豪華な」という意味だが、口語では「素敵な、すばらしい」という意味で使われることが多い。touched は「感動した」という形容詞で、涙をそそるような時に使う。moved は心を動かされたという意味の「感動した」。

「座る、腰をかける」は sit（down）で良いが、ここでは単なる「立つ、座る」という動作ではなく、「私の横の席に来た」という動作に重点を置いているので、take the seat が用いてある。tiredness は「疲れ」という意味の名詞で、tired「疲れている」がその形容詞。「疲労」なら fatigue、「心身の極度の疲労」なら exhaustion という言葉も使える。take ~ away は「~を取り去る」。

第4章 嬉しかったことを日記に書く

● **ガールフレンドはメグ・ライアン?!**

今日は最高の気分で目が覚めた。夢の中でメグ・ライアンが僕の彼女だったのだ。これが現実だったらいいのに。また夢で会えたらいいな。

I woke up in a great mood today because Meg Ryan had been my girlfriend in my dream. I wish it were real. I hope I can see her again in my dreams.

● **メールができるようになった**

孫のおかげで、やっと1人でメールができるようになった。とても嬉しい。これから毎日メールするのが楽しみ!

I'm finally able to send and receive e-mail all by myself, thanks to my grandson. I'm so happy! I can't wait to receive lots of e-mails every day!

● **雑誌で同じハイヒールを発見**

ファッション雑誌に私のとまったく同じハイヒールが載っていて、すごく嬉しかった。あれってブランドだったんだぁ…。

I saw the exact same high heels as mine in a fashion magazine. That made me really happy. I didn't know those were a brand name.

wake up は「目が覚める」という意味での「起きる」。「ふとんから出る」という意味なら get up。Meg Ryan の後ろの had been は was でも構わないが、これは woke up よりも前のことについて述べているため、過去完了形で表す方が良い。英語の girlfriend は「恋人として付き合っている女の子」を指す。日本語の感覚で言う「女友達」ではない。I wish（that）＋文、I hope（that）＋文のいずれも「〜だったらいいなぁ」という願望を表すが、前者は非現実的なことを、後者は可能なことを願う時に使うのが一般的。口語では、文の前の that を省略することが多い。I wish は、現在のことでも過去形の動詞を使うのがポイント。その動詞が be 動詞の場合、主語に関係なく were を用いるのが正しいが、くだけた表現では、主語が I、he、she、it の時に was を用いても良い。

be 動詞＋able to は can と同じ意味。finally があるので「やっとできるようになった」というニュアンス。e-mail は「電子メール」のこと。ふつうは数えられない名詞扱いだが、複数のメールが明らかな場合は、e-mails とすることもある。electric mail の略で、ハイフンを省略したり、e を E と書くこともある。名詞、動詞のいずれとしても使える。send and receive e-mail で「メールを送受信する」だが、「メールする」という訳で十分だろう。by 〜self は「他人の力を借りないで」という意味での「1人で」。前に all を付けると、意味が強調される。thanks to 〜は「〜のおかげで」。happy は「嬉しい」という意味。can't wait to＋動詞の原形で「〜するのが楽しみ」。

ここでの exact は「まったく、まさに」という意味で、same を強調している。日本語は「ハイヒールが雑誌に載っていた」となっているが、「私は雑誌でハイヒールを見た」とすれば、同じ内容が簡単に表せる。〜 make 人 happy は「〜が人を嬉しくさせる」という意味。嬉しくさせる側を主語にする表現。「あれってブランドだったんだぁ…。」は「あれがブランドだったとは知らなかった。」と表現すれば良い。ただし、「あれ」となっていても、high heels を指しているので、that ではなく those になる。know の後ろに、接続詞の that が省略。「ブランド」は brand name という。

● ファッション関係の方ですか

コンビニに寄った。お金を払う時、レジの人にファッション関係の仕事をしているのか聞かれたので、違うと答えて理由を尋ねると、「美人だし、オシャレな格好をしているから。」と言われた。すごく嬉しかった。

I stopped by a convenience store. When I paid, the cashier asked me if I was in the fashion business. I said no and asked why. She said I am beautiful and fashionably dressed. She made my day!

● A＋の読書感想文

今日、読書感想文が返ってきた。A＋だった。先生に「君のが一番良く書けていたよ。」と言われ、すごく嬉しかった。

I got my book report back today. I got an A＋. The teacher said, "Yours was the best written." I was on cloud nine.

● みかんが届いた

蒲郡のおばさんからみかんが1箱届いた。とても甘くておいしかった。お礼を言おうと思って電話をしてみたけれど、誰も出なかった。明日またかけてみよっと。

I received a box of tangerines from my aunt in Gamagori. They were so sweet and juicy. I called her to say thanks but nobody answered the phone. I'll call her again tomorrow.

stop by ~は「~に立ち寄る」。by の後ろに前置詞の at を入れることもあるが、口語では入れないのがふつう。cashier は「レジの人」。「勘定台」、いわゆる「レジ」は checkout counter。ask 人 if+文は「人が~であるのか尋ねる」という意味で、この if は「~かどうか」。She said の後ろに接続詞の that が省略。fashionably dressed は「オシャレに着飾った」。~ made my day! は、私の日という日を作ってもいいぐらい、「~が私をとても嬉しい気持ちにさせてくれた」という意味の決まり文句。

「読書感想文」は book report。ついでに、「作文」は composition、「（一般的な）論文」は paper、「学位・卒業論文」は thesis と言う。1 文目と 2 文目の日本語は、いずれも読書感想文が主語になっているが、英語は I を主語にしてみた。引用部分の yours は your book report を指している。A、B、C…というのは、欧米でのテストや提出物、成績などの評価を表す。A は 90 点以上、B は 80~89 点、C は 70~79 点、D は 60~69 点で、D だと追試を受けさせる先生が多い。それより下は F（fail の f）で、落第である。ちなみに E は excellent と誤解されやすいからか使われない。アルファベットの右横の＋は「~点台後半」、－は「~点台前半」を表す。on cloud nine は「有頂天で」という意味。

日本の「みかん」は tangerine と言うことが多い。juicy は、果物やステーキなどが「多汁の」という意味だが、「おいしい」という訳で十分だろう。to say thanks は「お礼を言うために」。nobody は「誰も~ない」という意味ですぐ後ろに動詞が続き、否定文を作る。したがって、Nobody answered the phone.で「誰も電話に出なかった」となる。なお、nobody は no one とすることもできるが、後者の場合は 2 語で表すことに注意。また、3 人称単数扱いになるので、現在形の動詞が続く場合は s が付くことに注意。（例：Nobody knows it.「誰もそれを知らない」）

第 4 章　嬉しかったことを日記に書く

● これでやっと修理ができる

1ヶ月も前に注文しておいた車の部品がやっと来た。車が珍しい型のために、必要な部品を海外から取り寄せなければならず、かなり時間がかかった。今週末、やっと車を修理できるのが嬉しい。

The car parts I ordered a month ago finally came! It took so long since my car is a rare model and the parts I needed had to be imported. Anyway, I'm glad I can finally work on my car this weekend!

● 旧友からの手紙

今日、旧友から手紙が届いていた。嬉しい驚きだった。手紙にはこの10年間の様子が書かれており、特に変わったことはなく、毎日平凡だけど楽しく過ごしている、という内容だった。明日、返事を書こうと思う。

I got a letter from an old friend in the mail today. It was a pleasant surprise. She told me about what she's been up to the last 10 years. She said nothing's new, it's the same old life, but she's happy. I'm going to write back to her tomorrow.

1文目はI orderedの前に関係代名詞のthatやwhichが省略されている。finallyは「ついに、やっと」という意味。これをa month agoと用いて「1ヶ月も前に」と訳し、その長さを強調している。「(時間)がかかる」は、takeで表すが、主語は必ずitになる。人を主語にするミスが多いので注意。the parts I neededは、I neededの前に関係代名詞のthatやwhichが省略されている。続くhad to be importedは、the partsが主語のため、「輸入されなければならなかった」という受け身になっている。ただし、ここでは「海外から取り寄せなければならなかった」と、能動的に、また間接的な訳にしてみた。Anywayは「とにかく、いずれにしても」という意味で、逸れてしまった話を戻す時によく使われる。work on ～は「～に取りかかる」といったニュアンス。

get a letter in the mailは「手紙が届く」という意味。pleasantは「楽しい、快適な、幸せな」などの意味で、後ろに名詞がくるのが一般的で、[プレズントゥ]と発音。なお、人が主語になる時はpleasedになる。what she's been up to the last 10 yearsは、「この10年間、彼女が何をしてきたか」、つまり「この10年間の様子」となる。文法的にはshe's beenをshe'd beenにして、時制を一致させるのが正しいが、現在も含まれた内容なので、口語ではshe's beenのままでも良い。続くnothing's newの's(＝is)と、it's the same old lifeの's(＝is)についても、同じ理由で時制の一致を無視している。the same old ～は「いつもの～、よくある～」という意味で、ここでは「平凡」と訳してみた。the same old lifeの代わりに、same old, same oldと言うこともできる。writeには「手紙を書く」という意味があるので、わざわざa letterと言う必要はない。これにbackを加えれば「返事を書く」となる。writeをcallにすれば「電話をかけ直す」となる。

第4章 嬉しかったことを日記に書く

● 90％オフ

たまたま、閉店セール中のお店の前を通りがかった。窓の「全品90〜70％オフ」と書かれた広告に惹かれて中に入ると、とても品のある腕時計が1万円だった。しかも驚くことに、元の値段は8万5千円。ためらうことなく購入した。

I happened to pass by a store that had a closing sale going on. I was tempted by the ad in the window that said, "Everything's 70-90% off." and went inside. I saw a very elegant watch for 10,000 yen. Surprisingly, its original price was 85,000 yen. I bought it without hesitating.

● ヒマラヤ山脈の写真

診察が終わって帰ろうとした時、先生の机に飾られた山の写真が目に留まった。先生が撮ったものなのか尋ねてみると、そうだとおっしゃった。落ち着いているのに迫力があるヒマラヤ山脈の写真だった。山の写真撮影についてしばらく話をした。先生と趣味が同じだということが分かり、嬉しかった。

When I was about to leave my doctor's office, the pictures of mountains on his desk caught my attention. I asked him if he took them, and he said yes. They were calm but powerful pictures of the Himalayas. We chatted about taking mountain pictures for a while. I was glad to find out that we have the same hobby.

happen to＋動詞の原形で「たまたま〜する、偶然〜する」。pass by は「そばを通る」という意味の熟語。a store の前に at を入れることもある。1 文目と 2 文目の that は関係代名詞で、後ろから前にかかるように訳す。これらはいずれもすぐ後ろに動詞が続いているため、省略することはできない。ad は advertisement の略で「広告」のこと。広告、新聞、看板などに書かれたものには、say という動詞を用いることができる。4 文目の its は「その」、ここでは「その腕時計の」を指す。it's のようにアポストロフィが入ると it is または it has の短縮形になる。発音が同じなので注意。hesitate は「ためらう、躊躇する」という意味。without hesitating で「ためらうことなく」という意味。

be 動詞＋about to＋動詞の原形で「ちょうど〜するところ」という意味の熟語。1 文目の前半は「診察室を立ち去ろうとしたところ」が直訳。〜 caught my attention は「〜が私の目に留まった」という意味。2 文目の ask 人 if 文は「〜に…かどうか尋ねる」。if he took them の them は「写真」を指しているので、この took は「撮った」という意味になる。「〜山脈」は the 〜s または the 〜 mountains。chat は「おしゃべりする」で、talk をカジュアルにした感じ。for a while は「しばらくの間」。find は「(具体的な物)を発見する、〜を見つける」だが、find out になると「(情報、事実など)を得る、〜が分かる」という意味になる。

第 4 章　嬉しかったことを日記に書く

● 占い的中

ハッピーな日！今朝見ていたテレビ番組で、「やぎ座の人には電車の中でいいことがあるかも」と言っていたけど、本当にいいことがあった。電車でドア付近に立っていたら、若い男性が駆け込み乗車してきた。彼が持っていた大きな旅行カバンが私に当たり、よろけてしまった。「大丈夫ですか」と言って謝ってきたので、「大丈夫です」と答えて微笑んだ。うわぁ〜、カッコイイ！ 次の駅で降りるまで話をし、携帯の番号も交換した。本当に彼から電話があるといいけど…。

What a great day! The TV program that I was watching this morning said that something wonderful might happen to Capricorns on the train. And yes, something DID happen. I was standing by the door on the train, and a young man jumped onto the train when its doors were closing. He had a big traveling bag and it almost knocked me down. He asked me if I was OK and apologized, so I said I was and smiled. Boy, was he a stud! We talked until the next stop, where I had to get off, and we exchanged our cell phone numbers. I hope he'll really call me.

The TV program that I was watching this morning said that...の最初のthat は関係代名詞。後ろから前にかかり、「今朝私が見ていたテレビ番組」となる。2つ目の that は接続詞で「〜ということ」という意味。いずれも後ろに主語＋動詞が続いているので、that を省略することができる。Capricorn は「やぎ座の人」。And yes は前の文を強調して肯定する場合によく使われるが、特に訳す必要はないだろう。..., something DID happen.は ..., something happened.を強調した形。発音するときは did を強く言うので、全て大文字で表すことで文面上でも強調を示している。..., and a young man jumped onto the train when its doors were closing. がどうして「若い男性が駆け込み乗車してきた」という訳になるのか、成り立ちを見てみよう。主語の a young man、これは問題ない。次に jumped onto the train、これで「電車に飛び乗った」となるが、車内にいる人からすれば「飛び乗ってきた」とする方がふさわしい。そして when its doors were closing は「ドアが閉まりかけている時」。この its は the train's を指しているが、the と置き換えることも可能。この状況を想像すると、「駆け込み乗車」という日本語がピッタリくることが分かる。ここでの almost は「もう少しで」、knock 人 down は「〜を打ち倒す」、これで「よろける」を表してみた。Boy は「おや、まぁ、すごい」など、感嘆詞として使われることがある。（なぜか、Girl と言うことはない。）was he a stud は疑問文に見えるが、これは倒置して強調しているだけである。stud は「カッコイイ男性」を意味するスラング。hunk でも良い。ここでの stop は「停車駅」を指している。whcrc は関係副詞で後ろから前にかかり、「私が降りなければならない次の駅」、要するに「下車駅」のこと。get off 〜は「（電車やバスなど）を降りる」。車やタクシーの場合は get out of 〜になることに注意。

第5章　驚いたことを日記に書く

● 良明が先生に?!

良明が高校の先生になったという噂を聞いた。あいつって学生時代、勉強が嫌いじゃなかったっけ？　信じられないよ！

Rumor has it that Yoshiaki has become a high school teacher. Didn't he hate studying in our school days? I couldn't believe my ears.

● 若いお母さんたち

今日、息子の授業参観があった。20代のお母さんたちがいたのには驚いた。いや、ただ若く見えただけかなぁ？

I went to my son's school for open house today. I was surprised to see some mothers in their 20s. Maybe they just LOOK young???

● 法外（ほうがい）な電話の請求書

えっー！　今月の電話代が３万２千円も？　そんなわけないでしょ？　明日、電話会社に確認してみないと…。

What? 32,000 yen for the telephone bill this month? How could that be? I'd better check with the phone company tomorrow.

Rumor has it that＋文.は「〜だという噂である」という決まり文句。I hear that＋文.「〜だそうだ」も可能。「〜になった」は became でも良いが、過去形だと「先生になった」という事実は存在するものの、今でも先生かどうかについては触れていない。しかし現在完了形の has become なら、今でも先生をしていることが明確になる。Didn't he〜?と、否定疑問の形をとることで「彼って〜じゃなかったっけ？」という驚きを含ませることができる。in our school days は「学生時代に」という意味で、この our はなくても良い。can't believe my ears は聞いた情報が信じられない時に使う。見た情報なら ears を eyes にすれば良い。

「授業参観」は open house。parent observation day でも良い。これらの言葉を使わずに文で表すとしたら、I sat in on my son's class today.や I observed my son's class today.になる。sit in on〜は「〜を見物する」、observe は「〜を観察する」といった意味。surprised to＋動詞の原形は「〜して驚いた」で、この surprised は形容詞。some mothers in their 20s で「20代のお母さんたち」。数字に s を付けて「〜才代」を表す。ここでは mothers に合わせて their となっているが、a mother なら her、a man なら his というように、名詞によって代名詞を変える必要がある。代名詞の代わりに the を用いても良い。maybe は「たぶん」の意味だが、ここでは「〜かなぁ」という感覚で使ってある。実際は30才を超えているかもしれないが、20代に「見えた」ことを強調して、look を大文字で表してある。会話ならここを強く言う。

この What?は「えっー！」「何だと！」という驚きや苛立ちを表す言葉。bill は「請求書」のこと。telephone bill または phone bill で「電話の請求書」だが、ここでは「電話代」で良いだろう。日記では構わないが、正式な文書では数字が文頭に来る時は、つづりで表すのがふさわしいとされている。ちなみに「電話代がバカ高かった」は The phone bill was sky high.や The phone bill was steep.と言う。How could that be?は「どうしたらそうなるの？」が直訳で、「いや、そうなるわけがない」という修辞疑問。事実や状況が理解できない時に用いられる。I'd better の'd は had の短縮形。「〜した方が良い」という意味だが、should よりもかなり意味が強いので、人に使う時は相手を選ぶこと。

● こんなに簡単に作れるの？

今日、近所のお料理教室へ行き、シュークリームを作った。すごく簡単で驚いた。明日、子供たちに作ってあげようっと。

I went to my neighbor's cooking class today. We made cream puffs. I was surprised at how easy it was. I'll make some for my children tomorrow.

● 体重計に乗ってビックリ

体重計に乗ったら、先月から4キロも増えていて目玉が飛び出そうだった。夏が来る前にダイエットしなくちゃ…。でないと、水着が着られないわ！

My eyes almost popped out when I weighed myself on the scales. I've gained 4 kg since last month. I'd better go on a diet before summer comes. Otherwise I will look terrible in my bathing suit.

「近所」を表す語の使い方に注意。人を表す時は neighbor、場所を表す時は neighborhood になる。(例：He is my neighbor.「彼は私の近所(の人)です。」＝He lives in my neighborhood.「彼は家の近所に住んでいます。」) cream puff は「シュークリーム」のこと。shoe cream(靴用クリーム？)ではない。「シュークリーム」という言葉は、もともとフランス語の chou à la crème からきた語。「～に驚く」は、surprised at＋名詞(句)で表す。ここでは、how easy it was「それがどんなに簡単であったか」という名詞句が続いている。最後の文の make some は、後ろに cream puffs が省略されている。

My eyes almost popped out.は「目玉が飛び出そうだった」という意味。I was surprised.を大げさに表現したもの。weigh は動詞で「～の重さを量る」。名詞は weight。scales は「体重計、はかり」で、複数形で用いるのがふつう。gain は「(重さなどが)増す」、この反対語は lose。4 kg の kg は、読む時は kilograms と s を付ける。go on a diet で「ダイエットをする」。「ダイエットをしている」なら、go を be 動詞にすれば良い。otherwise は「でないと」という意味。or や or else も同じ。I will look terrible in my bathing suit.は「水着を着たら最悪に見えるだろう」というような意味だが、ここではもう少し展開して「水着が着られない」と訳してみた。「水着」は bathing suit または swimsuit。ちなみに「ビキニ」は bikini で［ビ**キー**ニ］と発音。男性用の「水泳パンツ」は trunks と言う。では、男性用下着の「トランクス」は何と言うか。これは boxer shorts である。これをパジャマ代わりにしている女性もいるとか…。

第5章　驚いたことを日記に書く

● 本当に 80？

ジュードのおばあちゃんに会った。すごくきれいで品があった。それに年齢を聞いてビックリ。もうすぐ 80 になるらしいけど、実際より 20 才は若く見えた。

I met Jude's grandma. She was very beautiful and elegant. And I was shocked to find out how old she is. She said she is approaching 80. My goodness, she looked 20 years younger than she really is.

● 習字の才能

幸恵さんの家に招待された。壁にかかっていた習字を見ていると、「それ、私が書いたのよ。」と彼女が言って、他のも見せてくれた。どれもすばらしかった。彼女ってすごい才能があるんだなぁ…。

I was invited to Sachie's house. As I was looking at a beautiful calligraphy on the wall, she told me that she wrote it. And she showed me others. They all looked fabulous! What a great talent she has!

● 上司の意外な一面

今日、上司の意外な一面をみた。奥さんが会社にまだ小さな娘さんを連れて来たので、彼がしばらく一緒に遊んであげていた。へぇー、彼でも笑うことがあるんだぁ…。私たちにはニコッとさえしたことないのに…。

I saw a different side of my boss today. His wife brought their baby daughter to the office, and he played with her for a while. Wow, I didn't know that he knew how to smile. He's never shown us one.

grandma は「おばあちゃん」のこと。grandmother を短くしたもの。「おじいちゃん」は grandpa または grandfather。shocked は会話では「すごく驚いた」、つまり very surprised と同じ意味で使うことが多い。この find out ~は「~を知る」、how old she is は「彼女が何才であるのか」。これで「年齢を知って[聞いて]」が表現できる。approach は「~に近づく」という意味で、人や物体が近づくだけでなく、ある年齢や時間に近づくという時にも使える。My goodness は訳に入れていないが、「まぁ、へぇー」という、驚きを表す言葉。she really is で「実際の彼女」というような意味。文脈から「実際の年齢」を指していることが分かる。単に that（＝80 years old）としても良い。

be 動詞＋invited to ~で「~へ招待される」という受け身。2 文目の As は「~の時」で When と同じように使われる。「習字」は (Japanese) calligraphy。日本語は、「それ、私が書いたのよ」と直接話法になっているが、英語は間接語法で表してある。write は「(文字)を書く」。絵の場合、鉛筆やペンで描く時は draw、絵の具で描く時は paint になる。others は「他のもの」。fabulous は「すばらしい」という意味の形容詞。beautiful、great、pretty などと置き換えることもできる。talent は「才能」のこと。What a great talent! は「なんてすばらしい才能なんだろう」という感嘆文。感嘆文は名詞があるかないかで What と How の使い分けをする。What＋(形容詞)＋名詞! で「なんて(形容詞な)名詞なの!」、How＋形容詞! で「なんて形容詞なの!」という意味。これらの後に、主語＋動詞（本文では she has）を続けることもある。

a different side で「違った一面」、これで「意外な一面」を表している。「(話し手の方へ) 連れて来る[行く]、持って来る[行く]」は bring。「(話し手以外の所へ) 連れて行く、持って行く」は take。for a while は「しばらくの間」。Wow は「わぁ、まぁ、へぇー」など、驚いた時に使う言葉。I didn't know that he knew how to smile.は「彼が笑い方を知っていたなんて知らなかった」という皮肉っぽい言い方。これを「彼でも笑うことがあるんだぁ…」と訳してみた。この that は省略可能で「~ということ」の意味だが、「~だなんて」と訳せば口語らしくなる。He's never shown us one.の He's は He has の短縮形。has never shown で「1 度も見せたことがない」、最後の one は a smile「笑顔」を指す。これで「私たちにはニコッとさえしたことないのに」という意味。

第 5 章　驚いたことを日記に書く

猫の飛び出し

今日、もう少しで猫をひいてしまうところだった。この猫ときたら、車が来るのなんてお構いなしで、すごい勢いで俺の前を横切るんだもんなぁ。俺の判断が早かったから、ひかずに済んだけど…。やれやれ。

I almost ran over a cat today. It didn't care that cars were coming, and dashed across the street right in front of me. I reacted to it pretty quickly so that I didn't hit it. Whew!

麻薬取引で逮捕

今日、近所の人が逮捕された。麻薬取引をしていたらしい。まったく信じられなかった。とてもきちんとした人に見えたけどなぁ…。何が起こるか分からないものだ。

My neighbor got arrested today. They said he was a drug dealer. I find it hard to believe myself. He looked like a very decent man. You never know.

almost＋動詞の過去形で「もう少しで〜するところだった」という意味。run over 〜は「(車などで)〜をひく」という熟語。It didn't care の not care は「気にしない、構わない」という意味で、この it は the cat を指している。across the street は「道路を横切って」だが、これに「突進する」という意味の dash を入れると「すごい勢いで道路を横切る」という感じが出せる。street の後ろの right は強調語。react は「反応する」、名詞は reaction。pretty quickly の pretty は副詞で、「結構、かなり」の意味。react pretty quickly で「判断が早い」と訳してみた。Whew!は、ほっとした時に使う言葉。疲れた時や暑い時などにも使われる。また、Phew!と書くこともある。発音は few と同じ。

「〜を逮捕する」は arrest。ここでは「逮捕された」という受け身になっている。was arrested でも良いが、got arrested にした方が「予期していなかった」というニュアンスが含まれる。ちなみに、警察が言う「お前を逮捕する」は、You are under arrest.である。They said の They は近所の人や警察など、漠然とした人を指しているので、「〜らしい」ぐらいの訳で良い。drug dealer は「麻薬の取引をする人」。「麻薬常用者」なら drug addict。I find it hard to believe myself. は、「まったく信じられなかった」という意味。myself は「私自身」だが、ここでは特に訳す必要はない。look like＋名詞(句) で「〜のように見える」、decent は「きちんとした、礼儀正しい」という形容詞。You never know. は「何が起こるか分からない、どうなるか分からない」という決まり文句。この you は一般の人を指しているので、訳す必要はない。

● 驚いたのは私だけ?!

中学時代の友達と集まった。ベロニカが23年間連れ添った旦那さんと、来月離婚すると言った。でも驚いたのは私だけだったみたいで、みんなは、どうしてそんなに長いこと待ったの？ なんて聞いているぐらいだった。私は驚きを隠せないでいたっていうのに…。

I got together with some friends from junior high. Veronica told us that she is going to divorce her husband of 23 years next month. But nobody seemed to be shocked except me. Everyone else was asking her why she waited that long. I couldn't hide my surprise though.

● 実は俺、ゲイなんだ

ロジャーがゲイであると打ち明けてきた。俺に話そうかどうか、かなり考えたらしい。度肝を抜かれたが、話してくれて嬉しかった。あいつがそう決めたんだったら俺はそれを尊重するし、支えてあげるつもりだと伝えておいた。

Roger confided in me that he is gay. He said he had thought long and hard about whether he should tell me. I was struck dumb but glad he told me. I told him if that's his decision, I'll respect it and support him.

get together with 〜で「〜と集まる」。junior high は「中学校」のこと。正しくは junior high school。divorce＋人で「〜と離婚する」。ほかに、get a divorce from＋人や get divorced from＋人という言い方もある。... she is going to divorce ... の is は文法的には was が正しいが、文末に next month という未来を表す語があるため、会話では was だと不自然に聞こえる。現実としてまだ起きていないことは、口語では時制の一致を無視する方が自然。husband of 23 years は「23年間連れ添った旦那さん」。of の後ろの語が of の前の語の性質や状態を表している。family of five「5人家族」、woman of ability「能力のある女性」なども覚えておこう。But nobody seemed to be shocked except me. は、「でも、私以外は誰も驚いていないようだった」という意味だが、本文では「でも、驚いたのは私だけだった」と「私」を強調してみた。everyone else は「他のみんな」、that long は「そんなに長い間」。asking her の後ろは、質問の内容を間接話法に書き換えたもの。why 以降は普通の文の語順になることに注意。疑問文をそのまま使うのは文法上、誤り。hide my surprise は日本語と同じく、「驚きを隠す」。文末の though は「〜なのに、〜だけど」というニュアンス。

confide in＋人で「〜に（秘密を）打ち明ける」という意味。2文目の He said の後ろに接続詞の that が省略されている。think long and hard で「よく考える」。whether は「〜かどうか」で if と同じような意味。be 動詞＋struck dumb で「度肝を抜かれる」という意味の受け身。能動態（普通の文）だと strike 人 dumb になる。同じような表現に、throw 人 for a loop や knock 人 for a loop がある。3文目の glad he told me の glad の前に I was が省略。if that's his decision は「もしそれが彼の決断なら」が直訳だが、ここでの if はそれほど強い意味がなく、単に「そう決めたのなら」という程度。decision は名詞で「決断」、decide は動詞で「決心する、決める」。respect は「〜を尊重する、〜を尊敬する」、support は「〜を支える、〜を応援する」という意味。

第5章　驚いたことを日記に書く

● エイプリル・フール

清美さんと文恵ちゃんがやって来て、えり子さんが車にはねられて集中治療室にいると教えてくれた。ビックリして、いつ、どこで、どんな風に事故が起きたのか尋ねると、2人が笑い出して、「エイプリル・フールだよ」と言った。あ〜、そうだった。完全にだまされた。

Kiyomi and Fumie came up to me and said that Eriko was hit by a car and she's in the ICU now. I was astonished. I asked them when, where, and how it happened. Then they started to laugh and said, "April Fool's!" Oh, that's right! They totally got me!

● パワフルなおばあちゃん

駅のプラットホームで小柄なお年寄りの女性が電車を待っていた。足元には重そうなキャリー・バッグがあったので、電車が来たら運ぶのを手伝ってあげようと決めていた。しかし、電車が来てドアが開くと、荷物を軽々と持ち上げて電車に乗ったので、びっくりしてしまった。

I saw a petite elderly lady waiting on the platform for a train. There was a heavy-looking carry-on at her feet, so I was ready to help her get it on the train. However, when the train came and the doors opened, she easily picked it up and got on the train. I was astonished.

be 動詞＋hit by a car で「車にひかれる」という意味の受け身。hit の代わりに run over を用いても良い。hit は現在・過去・過去分詞、全て同じ形。Eriko was hit by a car. は Eriko had been hit by a car. と過去完了形にするのが文法的には正しいが、くだけた用法では過去形で良い。ICU は Intensive Care Unit の略で、「集中治療室」のこと。astonished は「とてもビックリした」という形容詞で、surprised を強調した語。start to＋動詞の原形で「～し始める」。to＋動詞の原形を ing 形にしても良い。「エイプリル・フール」は、英語だと April Fool's! と's が付くことに注意。Oh, that's right. は、「あ〜、そうだった」と、何かを思い出した時に使う。人 got me. で「～にやられた、～にだまされた」という意味。これに totally が入ると「完全に」と強調される。

petite は「(女性が)小さい、小柄な」の意味。洋服などのサイズで XS（extra small）や XXS の代わりに用いられることもある。elderly は「年をとった」という意味で、old より丁寧な響き。heavy は「重い」、heavy-looking なら「重そうな」。carry-on は「キャリー・バッグ」のこと。キャスター付きの小さな箱型バッグで、よくパイロットやスチュワーデスが引いているタイプのもの。ready to＋動詞の原形で「～する準備[覚悟]ができている」。help 人＋動詞の原形で「人が～するのを手伝う」、get it on the train は「それを電車に乗せる」という感じ。however は「しかし、でも」という意味で、but に比べると文語的。picked it up で「それを持ち上げた」、これに easily「簡単に」が付くと「軽々と持ち上げた」になる。astonished は「とてもビックリした」という形容詞で、surprised を強調した語。stunned「あっけにとられた」も使える。

すごいタイミング

今日、信じられないことがあった。リチャードに電話をしようと思って受話器をあげたら、彼が電話に出ていた。まぁ、2人して同時に電話をかけようとしていたなんて…。私は、番号をダイヤルしてもいないのに彼が電話に出ていたことに驚き、彼にしてみれば呼び出し音が鳴らないうちに、どうして私が電話に出たのだろうと不思議に思ったらしい。なんて偶然なのかしら！

Something unbelievable happened today. I picked up the phone to call Richard, and there he was! Goodness, we were trying to call each other at the same time. I was surprised that he was there before I dialed his number. As for him, he wondered why I answered his call before it had time to ring. What a coincidence!

便利で簡単なインターネット

孫がインターネットにアクセスする方法を教えてくれた。どんな情報でもすぐに入手できることに、ただただ驚いた。買い物も音楽を聴くことも、世界中の人とゲームで対戦することも、オークションに参加することさえ可能らしい。すごいテクノロジーだなぁ！なんだか自分が時代に取り残されている気がした。インターネットがこんなに便利で簡単だとは知らなかった。もっと早くやっていたらなぁとは思うけど、今からだって遅くはない。これからどんどん楽しむぞ！

My grandson taught me how to access the Internet. I was amazed to see any information I wanted was right at my fingertips. You can shop, listen to music, play games against people from all over the world, and even take part in auctions, he said. Wow, what technology! I felt like I'd been left behind. I didn't know the Internet was this convenient and easy. I wish I had learned it earlier, but it's not too late yet. I'll enjoy it from now on.

something unbelievable で「信じられないこと」。something＋形容詞で「なにか形容詞なもの[こと]」という意味。receiver は「受話器」のこと。there he was は he was there を強調した形で、「彼がそこにいた」という意味。この文での「そこ」とは「受話器の向こう」を指す。Goodness は「あらまぁ、おやおや」というような、驚いた時に用いる言葉。try to＋動詞の原形で「〜しようとする」、at the same time は「同時に」。before I dialed his number は「彼の番号をダイヤルする前に」、これで「ダイヤルしてもいないのに」が表せる。文法的には I had dialed が正しい。as for him「彼にとっては、彼にしてみれば」を文頭に出して、「私にとっては」との比較を強調している。wonder why ＋文で「なぜ〜なのだろうと疑問に思う」という意味。answer his call は「彼からの電話に出る」。before it had time to ring は「それが鳴る前に」という意味で、この it は電話を指している。全体で「呼び出し音が鳴らないうちに」と訳してみた。「偶然」は coincidence。よく、What a coincidence!「なんて偶然なのかしら！」という形で使われる。

Internet の I は常に大文字で the が付く。amazed は「すごく驚いた」という形容詞で、surprised より強い驚きを表す。any information I wanted は「私が欲しいどんな情報でも」という意味。information の後ろに関係代名詞の that が省略。文脈から判断できるので、I wanted の訳も省略してある。fingertip とは「指先」のこと。at 〜's fingertips で「すぐに入手可能な、直ちに利用できる」というような意味の熟語。この right は単なる強調語。take part in 〜は「〜に参加する」、この前にある even は「〜でさえ、〜すら」という意味。auction は「オークション」。What technology! は「すごいテクノロジーだ！」という意味の感嘆文。left behind は「置いて行かれる」、ここではもう少し大げさに「時代に取り残される」と訳してみた。the Internet was の was は didn't に時制を一致させたもの。口語では is のままでも構わない。this convenient and easy の this は「こんなに」という意味。I wish I had＋過去分詞形.で「（過去に）〜していたらなぁ」という、実際にはしなかったことに対する後悔や願望を表す。it's not too late yet は「まだ遅すぎるということはない」。from now on は「今後」といっ意味。

第6章　恥ずかしかったことを日記に書く

● 人前でやめてよ！

彼氏が人前で大きなゲップをした。おかげでとても恥ずかしい思いをした。
My boyfriend burped loudly in public. He really embarrassed me.

● ファスナーが開いていた

帰宅したらズボンのファスナーが開いていたことに気付き、恥ずかしさのあまり赤面してしまった。誰にも見られていなければいいけど…。
I came home and noticed that my pants zipper was down. I blushed with embarrassment. I hope nobody saw it.

● 頭をゴツン

レストランでガラスのついたてに頭をぶつけた。何もなかったかのように振る舞っておいたけど、本当はすごく痛くて、恥ずかしかった。
I bumped my head against the glass partition in a restaurant. I acted like nothing had happened, but it sure was painful and embarrassing.

burp は「ゲップをする」という動詞。belch でも良い。make a burp の形で用いられることもある。in public は「人前で、公然と」。embarrass は「〜に恥をかかせる」という動詞で、恥をかかせる人や行為を主語にする。本文は「彼は私にすごく恥をかかせた」となっているが、「彼のおかげでとても恥ずかしい思いをした」と訳してみた。

notice は「〜に気付く」、続く that は「〜ということ」の意味の接続詞。「ズボン」は常に pants と複数形で表す。My pants zipper was down. の代わりに My fly was open. とすることもできる。後者は、俗に言う「社会の窓が開いていた」の意味。blush は「赤面する」。with embarrassment は「恥ずかしさで」。nobody は「誰も〜ない」という否定の意味の主語。したがって動詞に not を付ける必要はない。nobody の代わりに no one でも良い。I hope nobody saw it. は、「誰もそれを見なかったのならいいけど」だが、本文では「誰にも見られていなければいいけど」と受け身で訳してみた。hope の後ろに、接続詞の that が省略されている。

この bump は「(頭など)をぶつける」という意味の動詞。ぶつけた対象物は against 〜で表す。bump の代わりに hit や knock を用いても良い。partition は「ついたて、しきり」のこと。act like 〜は「〜のように振る舞う、〜のふりをする」。続く nothing had happened は、「何も起こらなかった」。「振る舞う」より前の出来事なので、had＋過去分詞形で表してある。it sure was の sure は「確かに」の意味。painful は「痛い」、embarrassing は「恥ずかしい」という形容詞で、恥ずかしい行為や恥ずかしい存在の人が主語になる。ここでの主語は it で、頭をぶつけた行為を指している。

● 電車で化粧

電車で化粧をしている２人の若い女の子がいた。周りの人のことなどまったく気にしていない様子だった。人前であんなことをして、恥ずかしく思わないのかなぁ…。

I saw two young girls doing their makeup on the train. They didn't seem to care about the people around them. I wonder if they ever feel ashamed of doing that in public.

● おめでた？

デパートで友達に会った。ジャンパースカートをはいていたし、少しふっくらして見えたので妊娠しているのかと尋ねたら、NO という答えが返ってきた。その後、話をどう続ければ良いのか分からず、とても恥ずかしかった。

I saw a friend at a department store. She was in a jumper and looked a little plump, so I asked her if she was expecting. She said no. I didn't know what to say after that. I was so embarrassed!

● 照れくさいなぁ

上司が僕の仕事ぶりを誉めてくれ、社内のみんなに見習うように言った。嬉しかったけど、誉められるのに慣れていないから照れくさかった。

My boss praised me for the way I work, and told everyone in the office to follow my example. I was happy but felt embarrassed because I'm not used to being praised.

see 人＋動詞の ing 形で「人が〜しているのを見る」。動詞の ing 形の代わりに動詞の原形がくると、「人が〜するのを見る」という意味になる。do 〜's makeup で「化粧をする」。put on 〜's makeup でも良い。They didn't seem to care. は「彼女たちは気にしているようには見えなかった」が直訳だが、「彼女たちは気にしていないように見えた」と訳してある。彼女たちに feel ashamed「恥ずかしいと思う」という気持ちが少しでもあるのかどうかを強調するために、even が挿入されている。ashamed の後ろに of 〜ing を続けて、「〜するのを恥ずかしいと思う」を表す。特に、過失や罪、道徳的な恥ずかしさや、不祥事に対して良心がとがめるような場合の恥ずかしさを指す。

jumper は「ジャンパースカート」のこと。in a jumper の in は「〜を身に着けて」という意味。plump は「ふっくらした、ふくよかな」で、特に女性や子供に対して使う。fat は「太った」だが、直接的なので避けた方が良い。overweight なら婉曲的。ついでに、chubby は「まるまるした」という意味で、子供や赤ちゃんに対して使う。stout は「どっしりとした」、tubby は「ずんぐりした」で、背が小さめのおなかが出ているタイプを言う。obese は「（健康的に害があるほど）肥満の」を意味する形容詞。be 動詞＋expecting で「妊娠している」という意味。expecting を pregnant に置き換えても良い。what to say after that は「その後、何と言えば良いのか」。embarrassed は「恥ずかしい」という意味の形容詞だが、恥ずかしいと感じている人が主語になる。このタイプの ed で終わる形容詞の主語は必ず人になる。

praise 人 for 〜で「人の〜を誉める」という意味。「仕事ぶり」は、the way I work「僕の仕事のやり方」で表してみた。follow 〜's example で「〜を見習う」という意味。example には「例」のほか、「見本、模範」という意味もある。ここでの embarrassed は「照れくさい」という意味。embarrassed は「恥ずかしい」という意味だけではないので、状況で判断すること。be 動詞＋used to 〜で「〜に慣れている」。〜には名詞、または動詞の ing 形がくる。ここでは being praised「誉められること」という受け身が続いている。be 動詞が消えて、used to＋動詞の原形になると、「以前は〜したものだ（今はもうしていない）」という意味になるので、混同しないように。

● 授業中によそごと

5時限目にベスとメモの交換をしていた。ちょうどベスにメモを渡そうとしたところをプラント先生に見られてしまい、叱られるだろうと覚悟していたけど何も言われなかった。何となく恥ずかしかった。

Beth and I were passing notes back and forth in the fifth period. Just as I passed a note to her, Mr. Plant caught us. I was ready to get bawled out but he didn't say anything. I felt kind of ashamed.

● あっ、トイレが汚かったこと忘れてた

午前中に突然お客さんが来た。帰る際、お手洗いを借りたいと言うので使わせてあげたが、トイレが汚かったことに気付き、恥ずかしくなった。いつ誰が使ってもいいように、日頃からきれいにしておかないと…。

We had an unexpected visitor in the morning. As she left, she said she needed to use our bathroom. I said OK but then I realized that the toilet hadn't been cleaned yet. I felt embarrassed. I should always keep it clean in case someone needs to use it.

ここでの pass は「～を手渡す、～を回す」だが、back and forth「行ったり来たり」とともに用いられているので、「～を交換する」と訳せば良い。note は「メモ」のこと。ちなみに「ノート」は notebook。period には「期間、時代、ピリオド」のほか、「(学校の)時限」という意味もある。「(学校の)先生」は teacher だが、「～先生」と名前で呼ぶ時は、Mr. ～や Ms. ～を用いる。大学教授の場合は Professor ～。Mr. Plant caught us.とあるが、別に体を捕まえたわけではなく、「(視線が)私たちをとらえた」ということ。この us は「私たちがメモを交換し合っているところ」を指している。get bawled out は「叱られる」という受け身。scold も「叱る」だが、こちらは親や教師が小さな子供を叱る場合に用いる。中学生ぐらいから大人に対して「叱る」場合は bawl out を用いる。tell off という口語的な熟語も使える。最後の kind of は「なんとなく、ちょっと」という意味。ここでの ashamed は embarrassed と置き換え可能。

unexpected visitor は「思いがけない客」、つまり「突然の来客」を指す。2文目の As は When と同じような意味。日本語は「帰る際」となっているが、英語は過去のことは過去形で表すのが原則なので、As she left。また、日本語では、よく「お手洗いを借りる」と言うが、「借りる」からと言って borrow ではなく、英語では use になることに注意。それから「お手洗いに行きたい」という表現も I want to go to the bathroom.(△) とはあまり言わず、I need to go to the bathroom.(○)「お手洗いに行く必要がある」や、I need to use the bathroom.(○)「お手洗いを使う必要がある」というのが自然。need to の代わりに have to でも良い。realize は「(事実など)に気付く、～を実感する」という意味。realized の前に「トイレが汚い」という事実が存在する。このように過去の2つの出来事は、古い方を過去完了形(had＋過去分詞形)で表す。「トイレが汚い」の「汚い」は not cleaned「きれいにされていない」で表現してみた。「トイレ」は bathroom、toilet は「便器」を指す。keep A＋B で「A を B の状態に保つ」という意味。ここでは「トイレをきれいな状態にしておく」ということ。in case＋文で「～の場合を考えて」。直訳は「誰かがトイレを使う必要がある時のことを考えて」だが、「いつ誰が使ってもいいように」という訳の方が自然。また、ここでの always「いつも」は「日頃から」と訳しても良い。

第6章 恥ずかしかったことを日記に書く

● ニンニクで口が臭い

昨夜食べたニンニク料理のせいで1日中、口が臭かった。牛乳を飲んだり、梅干しを食べたり、マウスウォッシュで口をすすいだり、口臭を消そうといろいろやってみたけど、どれも効果なし。同僚は何も言わなかったけど、きっと臭くて仕方なかったんだろうなぁ。あ〜、恥ずかしい！

I had bad breath all day because of the garlic food I had last night. I did everything I could to get rid of the smell, such as drinking some milk, eating some pickled plums, and rinsing my mouth with Listerine, but it didn't help much. None of the people in the office said anything about it, but I bet they couldn't stand the smell. How embarrassing!

● ゼロがひとつ余分

デパートの宝石最終処分セールへ行った。すごく素敵なエメラルドのネックレスが1万9千円なら安いと思い、あまり深く考えずに買おうと決めた。支払いの際、お店の人に「19万円と消費税になります。」と言われ、顔が青ざめるのが分かった。お店の人に、値段を勘違いしていて買えないことを伝えた。恥ずかしくて穴があったら入りたい思いだった。

I went to a jewelry clearance sale at a department store. I saw an exquisite emerald necklace for 19,000 yen. I thought that was a great deal, so I decided to buy it without thinking it over. When I was ready to pay, the clerk said, "That'll be 190,000 yen plus tax." I could tell that I was turning pale as I heard the price. I had to tell her that I had misunderstood the price, and I didn't want it. I was so embarrassed that I wanted to sink through the floor.

have bad breath で「口が臭い」。直接的だが My mouth was stinky. とすることもできる。because of ～は「～のせいで、～のために」という理由を表し、～には名詞(句)がくる。the garlic food の後に関係代名詞の that や which が省略されている。I had の had は ate のこと。I did everything の後ろにも、関係代名詞の that が省略されている。get rid of ～は「～(嫌なもの)を取り除く」という熟語。ここでの smell は状況から「口臭」だと分かる。全体で、「口臭を消すために可能なことは全てやった」という意味。such as ～は「～のような」という意味で、～には例が続く。rinse は「～をすすぐ」という意味の動詞。Listerine は、マウスウォッシュ(口洗液)の商品名。ここでの help は「効果がある」という意味。the people I work with は「同僚」のこと。これに none of が付いて、「同僚は誰も…ない」という否定の意味を表している。本文ではこれに said が続き、全体で「同僚は何も言わなかった」となっている。(「誰も」という訳は省略。) bet は「(賭けてもいいぐらい) 確信がある」、can't stand は「我慢できない」。I bet they couldn't stand the smell. の他に、I bet they didn't want to be around me.「私のそばに寄りたくなかったんだろうなぁ」としても良い。How＋形容詞! で、「なんて～なのだろう」という感嘆文。この how は very と同じような意味だと思えば、使いやすくなる。

clearance sale は「最終処分セール」のこと。exquisite は「優美な、精巧な」という形容詞。for 19,000 yen の for は「(～の金額)で」。19,000 は nineteen thousand と読む。great deal は「お値打ち」、good deal と言うこともある。without thinking it over は「あまり深く考えないで」という意味。without giving it a serious thought でも良い。190,000 は one hundred ninety thousand と読む。～ plus tax で「～と消費税」という意味。(アメリカでは sales tax と言う。)「消費税」は consumption tax だが、tax だけでも状況から判断できる。including tax なら「税込みで」。can tell は「分かる」という意味で、この後ろの that は省略可能。turn pale で「顔が青ざめる」、この turn は「～に変わる、～という状態になる」という意味。I had to tell her の tell は「～に伝える、～に言う」、続く that は省略可能。…I didn't want it. は「それは要らない」という意味だが、日本語は「買えない」と訳してみた。もちろん I couldn't afford it. としても良い。want to sink through the floor で「穴があったら入りたい」という決まり文句。

● マニュアルは運転できないんだ

4人の男友達と3人の女友達で集まった。ベンが買ったばかりのスポーツカーに乗って来た。男連中は運転させてもらっていたけど、僕は断った。理由を聞かれなくて助かったよ。マニュアルは運転できないなんて、恥ずかしくて女の子たちの前で言えないからなぁ。ダサイと思われないうちに習った方が良さそうだ。

Four of us guys and three girls had a get-together. Ben showed up in his brand-new sports car. The guys wanted to try his car and they did, but I said no thanks. Good thing they didn't ask me why. I would've been too embarrassed to say that I don't know how to drive a stick shift, especially in front of the girls. I'd better learn how before looking like a klutz.

Four of us guys は「僕たち男友達4人」という意味。男友達と女友達を分けないのであれば、Seven of us と言うこともできる。一般的に guy は「男友達」を指すが、複数であれば女性に対しても使える。get-together は「集まり」のこと。ハイフンがないと「集まる」という動詞に変わる。show up は「来る、現れる」という意味の熟語。brand-new は「真新しい」、3文目の try は「やってみる」というニュアンスで、後の語によって訳し方が変わる。本文では his car が続いているので「運転してみる」、食べ物が続けば「食べてみる」、レストランなどが続けば「行ってみる」という具合である。「運転する」「食べる」「行く」などの動詞を入れる必要はない。The guys wanted to try his car and they did. は「男連中は彼の車に乗りたがり、実際に乗った」が直訳だが、「男連中は運転をさせてもらっていた」という訳で十分だろう。I said no thanks. は「僕はけっこうだと言った」が直訳だが、「僕は断った」の方が自然。Good thing の前に It was a が、後に接続詞の that がそれぞれ省略されている。これで「～なのは良いことだ」というような感じの意味。I would've been は仮定法で、「(実際には聞かれていないが、もし聞かれたとしたら)～していただろう」という意味。too＋形容詞＋to＋動詞の原形で「あまりに形容詞で、動詞できない」という意味。how to＋動詞の原形で「～の仕方」。「マニュアル車」は stick shift。ほかに、5 speed や manual でも良い。especially は「特に」、in front of ～は「～の前で」、I'd better learn how の後ろに to drive a stick shift が省略されている。klutz は「不器用でダサイやつ」という意味のスラング。before looking like a klutz は「ダサイと思われないうちに」という意味。

第7章　後悔したことを日記に書く

● 洗車したら雨

午前中に洗車したのに夕方雨が降った。洗う前に天気を確認しておけば良かった。

I washed my car this morning, but it rained this evening. I guess I should've checked the weather before washing it.

● もう3年待っていれば

3年前に手放した家が、今はかなり値を上げていることを知った。もう少し待っていれば良かったなぁ。

I found out that the house I gave up 3 years ago has much more value now. I should've waited a little longer.

● 大学へ行っておけば良かった

このごろ勉強が面白いと思うようになり、息子の教科書を読んで楽しんでいる。大学へ進学しなかったことを、ちょっぴり後悔している。

I find studying fun these days. I enjoy reading my son's textbooks. I kind of regret that I didn't go on to college.

● インターネットで4時間も

インターネットをやった。2、3調べ物をしようと思っただけなのに、結局4時間も費やしてしまった。時間がもったいなかった。

I got on the Internet. I was just going to check a couple of things, but I ended up sitting at the computer for 4 hours. It was a waste of time!

「雨が降る」は rain。動詞にも名詞にもなる。天気に関する語を用いる時は it を主語にするのが一般的。evening は「夕方、夕暮れ、晩」と時間の幅が広い。should've［シュダヴ］は should have の短縮形。should have＋動詞の過去分詞形で「〜しておけば良かった」という、過去にしなかったことに対する後悔を表す。weather は「天気」。

find out は「(情報など)を得る、〜を知る」という意味。後ろの that は接続詞で省略可能。the house の後ろには、関係代名詞の that または which が省略されている。ここでの give up 〜は「〜を手放す」の意味。value は「価値、値打ち」。has much more value は「もっとたくさんの価値を持っている」が直訳。これを「かなり値を上げている」と訳してみた。should've waited は「待てば良かった」。

この find は「思う、分かる」という意味。enjoy 〜ing で、「〜して楽しむ、〜することを楽しむ」。〜ing の代わりに名詞を用いても良い。「教科書、テキスト」は textbook。text でも間違いではないが、これは「主文、原文」という意味の方が強い語。kind of は「少し、なんだか」、regret は「後悔する」という意味。後ろの that は省略可能。go to college で「大学に行く」。go の後ろに on を入れると、「進学する」というイメージが強くなる。最後の文は、I kind of regret not having gone on to college.としても良い。

「インターネットをする」の「する」は、get on、go on、surf などで表せる。「インターネット」は the Internet で、I は常に大文字で、the が付く。短縮して the Net としても良い。was［were］ going to＋動詞の原形で、「〜するつもりだった」という過去に計画した予定を表す。後ろに but と、それが実行されなかった内容が続くのが一般的。この just は「ただ、単に」。ここでは「ただ〜しようと思っただけ」というニュアンス。end up 〜ing は「〜して終わる」の意味で、「そうするつもりではなかったが、そうなってしまった」という感じ。本文では、「コンピュータの前に座って終わった」、要するに、「コンピュータに時間を費やしてしまった」ということ。a waste of 〜で「〜の無駄」だが、「〜がもったいない」というような訳になることが多い。

第7章　後悔したことを日記に書く

● お金と時間の無駄

友達とゲームセンターへ行った。2、3百円だけ使うつもりだったのに、結局2千円も使ってしまった。もう、最悪！

I went to the video arcade with my buddies. I was going to spend only a couple of hundred yen but I ended up spending 2,000 yen. That sucks!

● 1回ぐらいデートしておくべきだったわ

パイクプレイスで偶然ウェインに会った。まぁ、彼のカッコ良かったこと！それにすっごい筋肉！見る度にますますカッコ良くなっていくみたい。デートに誘われた時にOKしなかったことを後悔している。

I bumped into Wayne at Pikeplace. Boy, did he look attractive! He's got even bigger muscles than he did before. He gets better and better each time I see him. I regret that I didn't go out with him when he asked me to.

「ゲームセンター」は video arcade。buddy は口語で「友達」のこと。男同士で使うのがふつう。spend は「(お金や時間)を費やす」。a couple of は「2、3の」という意味。場合によってそれ以上の数を表すこともある。a few と同じように使われるが、a couple of の方がくだけた感じ。end up ~ing は「~して終わる」。日本語訳は「2千円も」となっているが、英語は 2,000 yen としか書かれていない。この文では、わざわざ「も」に相当する語を入れなくても前後関係から「も」を含んだ意味になる。どうしても入れたければ、as much as 2,000 yen とすれば良い。最後の That sucks! は「最悪!」という意味だが、あまり響きの良い言葉ではないので、(特に女性は)できるだけ使わない方が良い。

bump into ~ は「偶然~に会う、~にばったり会う」といっ熟語。run into ~ や happen to see ~ でも良い。Boy は「おやまぁ、あれあれ」という意味の間投詞。Oh, boy とすることもある。did he look attractive は、he looked attractive を疑問文の形にして、その内容を強調したもの。He's got は He has got の短縮形で、He has と同じ意味。この even は比較級をさらに強める働きがある。つまり、big muscles なら「たくましい筋肉」、bigger muscles なら「前よりもたくましい筋肉」、even bigger muscles だと「前よりもさらにたくましい筋肉」ということ。than he did before は「以前に持っていた(筋肉)よりも」という意味だが、訳には入れなくても良いだろう。better and better のように、比較級を繰り返すと「ますます、だんだん」というニュアンスを出すことができる。each time I+動詞の原形で「私が~する度に」。regret は「後悔する」で、その後ろの that は省略可能。go out with ~ は「~とデートする、~と付き合う」。asked me to の後ろには go out with him が省略され、同じ動詞の繰り返しを避けている。

● 「今度こそ」という期待でいつも損

久しぶりにパチンコへ行った。2時間で4万円も擦ってしまった。これって1週間分の給料に相当するんだよなぁ。パチンコで負ける度に、もう絶対に行くものかって自分に言い聞かせるのに、俺も懲りてないなぁ…。

I went to play pachinko for the first time in ages. I lost 40,000 yen in two hours, which is one week's worth of my salary. Every time I lose money in pachinko, I always tell myself not to go any more, but I still haven't learned my lesson.

● どうしても欲張ってしまうのよねぇ…

香奈、千賀、玲子と食べ放題のランチに行った。いろいろな料理が並べられていて、どれもおいしそうだった。みんな3皿ずつ食べたから、おなかがいっぱいで歩けなくなった。ああいう所って、食べきれないのに欲張ってしまうのよねぇ。気を付けなくっちゃ。

Kana, Chika, Reiko and I went to a restaurant for the buffet lunch. They had so many kinds of dishes and they all looked good. We each had three plates and got too full to walk. Our eyes tend to be bigger than our stomachs at a place like that. We'd better watch out.

「パチンコをする」は play pachinko。for the first time in ages で「久しぶりに」。「長い間で初めて」という考え方。ages は a long time と同じ意味。lose は「〜を失う」、これで「(お金)を擦る」が表せる。in two hours は「2時間で」。..., which 〜は、情報を付け加える時に使う関係代名詞。ここでは4万円が one week's worth of my salary「自分の1週間分の給料」と同じであると付け加えている。〜's worth of A は「Aの〜分」または「〜分のA」で、worth は「価値」という意味。every time I＋動詞は「私が〜する度に」という意味。2つ目の lose は「負ける」という訳にしてみた。tell myself で「自分自身に言う」だが、「言い聞かせる」というニュアンス。any more は否定語とともに用いて「もう(これ以上)〜しない」という意味。最後の lesson は「教訓」で、learn 〜's lesson は「教訓にする、懲りる」。

自分を含めた複数が主語になる場合、英語では I が最後にくる。buffet は「食べ放題」のことで、[バフェィ]と発音。all-you-can-eat という言い方もある。2文目の最初の They は「レストラン」を指し、2つ目の they は「料理」を指している。ここでの kind は「種類」のこと。look good は「おいしそう」。good を delicious、tasty、yummy などと置き換えることも可能。we each は「私たちそれぞれ」、続く had は ate の意味。ここでの「3皿」は three plates。three dishes とすると「3品」になる。got too full to walk の get は「〜(の状態)になる」、too＋形容詞＋to＋動詞で「あまりに形容詞で動詞できない」という意味。full は「おなかがいっぱい」という意味の形容詞。Our eyes tend to be bigger than our stomachs. は「私たちの目は胃よりも大きくなりやすい」、要するに「食べきれないほどの量を欲しがる」という意味。at a place like that の that は「食べ放題のレストラン」を指している。ついでに、greedy「(食べ物やお金に対して)欲張りな」も覚えておくと良い。watch out は「警戒する」という意味での「気を付ける」。もちろん、体重を意味している。

第7章 後悔したことを日記に書く

● ウイルス感染したかな？

最近、訳もなくよくコンピュータが固まって動かなくなってしまう。きっと数日前に届いた変なメールの添付ファイルから、ウイルスに感染したんだと思う。あ〜、ワクチンソフトをインストールしておけば良かったなぁ。

My computer often freezes for no reason these days. I'm sure I've got a virus from the weird e-mail attachment I received a few days ago. It's times like this that I wish I had some kind of anti-virus software installed.

freeze は「凍る」だが、コンピュータ用語では「いきなり画面が動かなくなる」という意味。for no reason は「訳もなく、理由なしで」。強調する時は for no reason at all。I'm sure は「確信している」という意味だが、「きっと〜だと思う」とすれば口語らしくなる。I'm sure の後には接続詞の that が省略。ここでの I've got は現在完了。I've gotten でも良い。I've got の方がくだけた感じにはなるが、アメリカではこの方が好まれる。本文では get で「感染する」を表したが、病気の場合などは get infected も使われる。「ウイルス」は virus で［ヴァィゥラス］と発音。weird は「変な、おかしな、奇妙な」の意味で strange との置き換えが可能。attachment は「添付ファイル」、この後に関係代名詞の that や which が省略されている。I received は「私が受け取った」だが、ここでは「届いた」と、メールを主語にしたような訳にしてある。ちょっと長いが、the weird ... ago までが 1 つの意味のかたまり。It's times like this that 〜で「こういう時なんだよなぁ、〜なのは」「こういう時に限って〜なんだよなぁ」というような感じの意味。that は省略したり、when にしたりすることもある。it's times like this that 〜のニュアンスは、すでに I wish 〜に含まれているのでなくても構わない。I wish I+過去形.で、現在の非現実的な願望を表す「〜だったらいいのになぁ」。コンピュータウイルス感染予防のソフトを「ワクチンソフト」と呼ぶことがあるが、英語では anti-virus software というのが一般的。anti-は「反対」「防止」「対抗」などを表す接頭語。日本語では「アンチ」と読むことが多いようだが、英語では［ェ**アン**ティ］または［ェ**アン**タィ］になる。ちなみに、「ワクチン」は vaccine［ヴァク**スィ**ーン］と発音。install は「〜を備え付ける」という意味。コンピュータを使う人なら、そのまま「(ソフト)をインストールする」で分かるだろう。最後の I had 〜 installed は、have＋物＋動詞の過去分詞形に基づくもので「物を〜の状態にする」という意味。

第8章　残念・がっかり・悲しかったことを日記に書く

● **お気に入りのグラス**

皿洗いをしている時に、お気に入りのグラスを割ってしまった。とてもがっかりした。

I broke one of my favorite glasses while doing the dishes. I was very disappointed.

● **愛車にキズ発見**

愛車のスポーツカーを洗い、ワックスをかけた。車のサイドにキズを発見し、少し腹立たしかった。

I washed and waxed my sports car. I found a scratch on one side. I was a little ticked off.

● **指輪がない！**

宝石箱からルビーの指輪がなくなっていることに気付いた。どこか別のところに置いたっけ？心配だわ。亡くなったおばあちゃんの形見なのに…。

I noticed that my ruby ring has disappeared from my jewelry box. Did I put it somewhere else? Oh, how worrisome! It is a keepsake from my late grandma.

● **ツバメの巣立ち**

我が家の車庫にいたツバメの家族が、今日巣立った。この1ヶ月、ツバメたちを観察するのが本当に楽しかったので、去ってしまったのがすごく寂しい。来年また戻って来て欲しい。

The swallow family in my garage left their nest today. I really enjoyed watching them this past month, and I feel very sad that they're gone. I hope they'll come back next year.

break は「～を壊す」だが、ガラスや陶器の場合は「～を割る」という意味になる。「(お金)をくずす」場合も break が使える。one of my ～s は「私の～のうちの1つ[1人]」だが、日本語ではあまり訳さない。favorite は「お気に入りの、好きな」という意味の形容詞。do the dishes で「皿洗いをする」。while の後に I was が省略。disappointed は「がっかりした」という形容詞。

「愛車」を my sweet car と表すこともできるが、単に my car でも十分。本文のように my sports car と言えば、話し手はたいてい「愛車」という気持ちを込めている。wax は「～にワックスをかける」。polish でも良い。find は「～を見つける、～を発見する」。scratch は「(こすってできたような)キズ」。「へこみ」なら dent。ticked off は「腹立たしい」という意味で、形容詞の働き。

notice は「～に気付く」。disappear は「消える、見えなくなる」という意味。Did I ～? は自分への問いかけで、「～だっけ?、～だったかなぁ?」という感じ。worrisome は「心配な、気がかりな」という意味の形容詞。keepsake は「形見」のこと。memento でも良い。これらは日本語の「形見」と違って、亡くなった人の思い出となるものに限らず、みやげ品や記念品にも使える。late は「亡き、故」で、deceased という言い方もある。

swallow は「ツバメ」。left は leave の過去形で「立ち去った」、nest は「巣」のこと。これで「巣立った」が表せる。この watch は「～を観察する」という意味。this past month は「この過ぎた1ヶ月」。訳す時は「この1ヶ月」で十分。sad は「悲しい」以外に、「寂しい」という意味もある。they're gone は「彼らは行ってしまった」。I hope の後ろに接続詞の that が省略されている。come back は「戻って来る、帰って来る」。

● 細井先生の退任

今日は細井先生の最後の授業だった。来月から他の学校へ行ってしまう。みんな先生のことが大好きだったから、これから先生の授業が受けられないのは残念だ。寂しくなるなぁ。

Today was the last day for Ms. Hosoi to teach us. She is going to another school next month. We really liked her and it's a shame that we can't take her classes any more. We'll miss her.

● 昇格試験にパスできず

残念ながら昇格試験は願っていたほどはできなかった。結果は25番だったが、上位10番以内に入らなければ昇格はない。がっかりしたが、これが全てというわけではない。また挑戦しよう！

Unfortunately, I didn't do as well as I had wished on my promotion test. I ended up #25 but I needed to place in the top ten. I felt blue, but it's not the end of the world. I guess I'll try it again.

Ms. Hosoi となっていても、後ろに teach や school、class という言葉が続くことから「細井先生」という訳が最適。2文目は現在進行形になっているが、next month とともに用いられているので内容は未来。確実に決まっている近未来の予定は現在進行形を用いると良い。another school で「別の学校」。It's a shame.は「残念である」という意味。感嘆文で、What a shame!ということも多い。なお、Shame on you! だと、「恥を知りなさい、まぁ、みっともない」という非難の意味になるので注意。ここで I ではなく we を主語にしている理由は、「自分」だけでなく、「クラスみんなが」という気持ちが強いからである。

unfortunately は「残念ながら、あいにく」の意味。didn't do well なら「良くできなかった」だが、「～ほどは良くできなかった」と言いたければ、didn't do as well as ～で表す。～に「願っていたほどは」の I had wished を入れれば完成する。過去に起きた2つの事柄を1つの文で表す際、古い方を had＋過去分詞形で表す。ここでは「試験を受けたこと」と「パスできるように願っていたこと」について述べているが、「受ける」前に「願っていた」わけだから、後者を過去完了形で表す。promotion は「昇格、昇進」。end up ～は「～で終わる」、#という記号は number を表す。ここでの place は「(順位に)入る」という意味。本文の直訳は「上位10番以内に入る必要があった」だが、日本語ではもう少し展開して、「…入らなければ昇格はない」と訳してみた。feel blue は「がっかりする、憂鬱になる」という意味。not the end of the world は「この世の終わりではない」という決まり文句。「これが全てではない」という訳も可能。「挑戦する」という意味のもっとも一般的な語は try。challenge は「(人)に挑む」という意味。日本語の「挑戦する」は、ほとんど try でカバーできると理解しておこう。

● ご飯が炊けてない！

夕食の準備ができ、さぁ食べようという時になってご飯が炊けていないことに気付いた。あ〜、もう！炊飯器の予約時間、間違えてた！私ったら、なんてそそっかしいのかしら。今夜はご飯なしで夕食を食べる羽目になった。

When I finished making dinner and we were ready to eat, I noticed that the rice wasn't ready. Darn it! I set the wrong time on the rice cooker! How careless of me! We had to have dinner without rice tonight.

● 財布をなくした

ついてない日！財布をなくしてしまった。スリにあったんだと思う。中にはクレジットカードと免許証、それにお金が入っていた。そこら中探してみたけど、見つからなかった。警察には届けておいたが、おそらく戻っては来ないだろう。

What an unlucky day! Something happened to my wallet. I think a pickpocket took it. I had some credit cards, my driver's license and some money in it. I looked for it everywhere but couldn't find it. I reported it to the police, but the chances are I probably won't get it back.

ready to＋動詞の原形は「～する準備ができている」。noticed の後ろの that は省略可能。rice wasn't ready は「ご飯が準備できていなかった」だが、「ご飯が炊けていなかった」とする方が自然。Darn it! は、「もう！」というような苛立ちを表す間投詞。Damn it! という表現もあるが、「畜生！」という乱暴な響きなので、できれば避けたい。いずれも it を省略することがある。set the wrong time は「間違った時間を設定する」。rice cooker は「炊飯器」。たまに「料理する人」の意味で cooker という人がいるが、これは誤りで、正しくは cook。「プロの料理人」なら chef。careless は「不注意な、そそっかしい」という意味。How careless of me! のように、形容詞が人の性質や人柄を表す時は、形容詞＋of＋人という形をとる。最後の had to＋動詞の原形は「～しなければならなかった」という意味だが、「～する羽目になった」と訳してみた。

Something happened to ～は、「～に何かが起きた」という英語らしい表現。訳は「財布をなくしてしまった」と具体的に表してみた。pickpocket は「スリ（人）」のこと。credit card は「クレジットカード」。credit は［クゥレディットゥ］と発音。driver's license は「運転免許証」。4文目の最後の in it は in the wallet のことだが、単に inside とすることもできる。look for ～は「～を探す」という熟語。everywhere は「至るところを、くまなく」などの意味。ここでの report は「～を届け出る」。「警察」は police で、常に複数形扱いし、a や s は付かない。(The police are...○　The polices are...×) ついでに「警察官」は police officer、俗語では cop。chance は複数形で用いると「見込み、可能性、勝ち目」。chances are (that)＋文で「おそらく～だろう」という意味になる。I probably won't get it back. は「私はおそらくそれを取り戻さないだろう」が直訳だが、本文では財布を主語にして、「おそらく戻っては来ないだろう」としてみた。

第8章　残念・がっかり・悲しかったことを日記に書く

● 面接で採用されず

面接を受けた会社から通知が届いたが、駄目だった。両親は笑顔で「またチャンスがあるよ」と言ってくれた。僕は「気にしていないよ」とは言ったものの、心の中では腹立たしく思っていた。そして、なぜ採用されなかったのか、その理由を考えていた。

I got a notice from the company that I had a job interview with. Well, I didn't get it. My parents smiled and said, "There's always another chance." I said, "Doesn't matter." but I was going nuts inside. I was trying to think of the reason why they didn't hire me.

● すでに満席

文化の日の週末に家族4人で韓国へ行こうと思って、旅行会社に電話したが、全てのフライトがすでに満席でキャンセル待ちになると言われた。十分早めに予約した方だと思ったんだけどなぁ。あ〜、残念！仕方がないので、キャンセル待ちでお願いしておいた。席が取れるといいけど…。

I called a travel agency to make airline reservations to Korea for four of us over the Culture Day weekend. But the agent said all the flights are full and we will have to be on the waiting list. I thought I was making the reservations early enough. What a bummer! Anyway, I said OK since I had no choice. I hope we'll get tickets.

1文目のgotはreceived、「受け取った」という意味だが、「届いた」と訳してある。このnoticeは名詞で「通知」。companyの後ろのthatは関係代名詞で、省略可能。job interviewは「就職面接」。companyがあるので、jobはなくても構わない。Wellは言葉がパッと出てこない時や、言い直しをする時、遠慮がちに言う時などに使われる前置きの言葉。ここでは「あまり言いたくないけど」というニュアンス。Doesn't matter.の前にItが省略。matterは「重要である」という意味の動詞。否定文で使われるのが一般的で、「たいしたことないよ」「構わないよ」「なんでもないよ」「気にしていないよ」などの意味になる。I don't care.と言っても良い。go nutsは「かなり腹を立てる」という熟語。going nutsの代わりにupsetも使える。ここでのinsideは「心の中で、内心は」の意味。why they didn't hire meは「なぜ彼らが僕を雇わなかったか」が直訳だが、僕を主語にして「なぜ採用されなかったか」としてみた。

　travel agencyは「旅行会社」のこと。agencyは「代理店、取扱店」という意味。agentはagencyで働いている人、つまり「代行者、取扱人」のこと。make a reservationは「予約する」。飛行機、ホテル、レストランなどの予約を指す。reservationの代わりにbookingということもある。また、これらを動詞にして、reserveやbookだけで表すこともある。医者や美容院などの予約はappointment。for four of usは「私たち(家族)4人分」。予約をする時の「〜人分」はfor. all the flights are fullのareと、we will have to beのwill have toは、saidに時制を一致させるのであればwereとwould have toになるが、現在もその状況にあるので、口語では時制の一致を無視して構わない。「キャンセル待ちの」はon the waiting listという。「ウエイティング・リストに載っている」といっ考え方。early enoughは「十分早くに」。enoughは、enough+名詞で「十分な〜」、形容詞+enoughで「十分〜な」、副詞+enoughで「十分〜に」というように、品詞によって置く位置が異なることに注意。bummerは「嫌な経験、面白くない出来事」という意味のスラング。形容詞はbummedでsadやupsetと同じように使える。このsinceは理由を表す「〜なので」。I had no choice.は「選択がなかった」だが、「仕方がない」と訳されることも多い。

● 閉店しちゃったの？

北海道から親戚が来た。本場のみそカツが食べてみたいと言うので、ガイドブックに載っていたレストランへ連れて行ってあげることにした。あちこち運転して探してみたけど、どこにもそのレストランが見つからない。通りがかりの人に道を尋ねると、先日、店を閉めたらしいと教えてくれた。がっかりだった。

My relatives visited us from Hokkaido. They said they wanted to try authentic *Miso-Katsu*, so we decided to take them to a restaurant we saw in a guide book. We drove around and looked for it but couldn't find it anywhere. I asked a passer-by for directions. He said it shut down not too long ago. How disappointing!

● 娘さんの自殺

同僚の娘さんが先週、自殺した。仕事の後、彼の様子を見に家に行くと、彼も奥さんもかなり疲れている様子だった。そして、２人の悲しみが私にも伝わってきた。「娘の変化に気付いていながら、助けてあげられなかった」、泣いて私にそう言った。何と答えたら良いのか分からず、ただ、そこで一緒に悲しみを分かち合ってあげることしかできなかった。

One of my co-workers' daughters committed suicide last week. I went to his house after work to see how he was doing. He and his wife looked exhausted and I could feel their pain. They were sobbing and said that they saw signs of her changing but were unable to help her. I didn't know what to say. All I could do was just sit there and share their pain with them.

relative は「親戚」のこと。[ゥレラティヴ] と発音。They said の後に接続詞の that が省略され、続く they wanted to は wanted が said との時制の一致で過去形になっている。authentic は「正真正銘の、本物の」という意味。ここでは食べ物に使われていることから「本場の」と訳してみた。decide to ＋動詞の原形で「～することにする」。restaurant の後ろには関係代名詞の that または which が省略。drive around で「あちこち運転する」、look for ～は「～を探す」、find は「～を見つける」。passer-by は「通りがかりの人」。これは「そばを通る、素通りする」という意味の動詞の pass by に、ハイフンを入れて名詞形にしたもの。複数形は passers-by となる。ask for ～で「～を求める」。ここでは directions「方向」を求める、これで「道を尋ねる」となる。ちなみに、ask for it は「自業自得である」という決まり文句。shut down は「（店などを）閉める」という意味。not too long ago で「それほど長くない前」、つまり「この間、つい先日」という意味。

one of my co-workers' daughters は、「複数いる同僚の娘さんたちのうちの1人」という意味だが、日本語はここまで詳しく表さなくても良い。commit suicide で「自殺する」。少々格式ばった語。日常的には kill ～self で良い。自殺の種類を動詞で表すと、次のようになる。hang ～self「首つり自殺する」、jump to ～'s death「飛び降り自殺する」、burn ～self to death「焼身自殺する」、gas ～self to death「ガス自殺する」、shoot ～self to death「銃で自殺する」。2文目の to see は「見に」。how he was doing は「彼がどうしていたか」、これで「彼の様子」が表現できる。exhausted は「疲れ果てた」で、tired を強調した語。feel their pain は「彼らの悲しみを感じる」。sob は「すすり泣く」。said の後ろの that は接続詞で省略可能。sign には様々な意味があるが、ここでは「前兆、様子」。本文では「変化に気付いた」と訳してある。were unable to は「～することができなかった」。weren't able to や couldn't でも良い。all I could do was (to)＋動詞の原形で、「私には～することしかできなかった」という意味。share は「～を分かち合う、～をともにする、～を共有する」。

第8章 残念・がっかり・悲しかったことを日記に書く

● **ノーマの帰国**

今日、ノーマがアメリカへ帰国。新幹線のプラットホームへ見送りに行った。新幹線が発車する時、みんな泣いていた。一緒に生活したのはたったの数ヶ月だったけど、本当の家族みたいだった。時には文化の違いからお互いを理解するのが大変なこともあったけど、本当に楽しかった。彼女のいない部屋を見ると、とても寂しくなる。

Norma went back to America today. We saw her off at the Shinkansen platform. We all cried as the train pulled out. She only stayed with us for a few months, but we felt like she was our real family. We sometimes had a hard time understanding each other because of the cultural differences, but we sure had a fabulous time together. Her empty room makes us really sad.

see 人 off で「〜を見送る」、特に空港や駅などで見送る時に使う熟語。as the train pulled out の as は、when と同じ意味で「〜の時」。pull out は「(列車が)発車する」という意味。ほかに、「車を出す」「舟をこぎ出す」などにも使える。stay は「滞在する、泊まる」だが、後ろに with 人が続くと、単に「泊まる」というよりも親しみがこもった感じになる。「彼女が家(うち)に泊まった」という日本語を、She stayed at our house. と表現すると少しビジネス的な感じがするが、She stayed with us. と表現すれば、歓迎の気持ちが込められる。ここでは数ヶ月間の滞在なので、「一緒に生活した」と訳してみた。feel like (that) + 文で「〜のような気がする」。have a hard time 〜ing は「〜するのが大変である」という意味。hard を good や great、wonderful などの形容詞と置き換えれば、「〜して楽しい時を過ごす」という意味になる。because of + 名詞(句)で「〜のために」という理由を表す。後ろに文が続く時は because だけでよく、of は不要。have a fabulous time together は「一緒にすばらしい時を過ごす」という意味。最後の文は、her empty room「空っぽになった彼女の部屋」が、makes us「私たちを〜にさせる」、really sad「とても寂しい気持ちに」という意味。make 人+形容詞は「人を形容詞にさせる」という意味で、そうなった気持ちや状態の原因を主語にした表現。日本語では、「彼女のいない部屋は私たちを寂しくさせる」としても良いし、「彼女のいない部屋を見ると、とても寂しくなる」としても良い。なお、ここでは家族全員の気持ちとして書いた日記なので、主語が I ではなく we になっている。

● つぶれた砂糖の城

学校の宿題で、角砂糖のお城を作った。今日は発表の日だったので、気を付けて学校に持って行ったのに、発表の前の休み時間にクラスメートが踏んで、お城の一角が崩れてしまった。すごく悔しかったけど、わざとやったわけではないから責められなかった。運良く、その前に先生が作品を見ていたので、崩れていてもA＋がもらえた。

I made a castle out of sugar cubes as a school project. Today was the presentation day, so I took it to school carefully. But during the recess before presentation, one of my classmates stepped on it and smashed one corner of it. I was really upset but I couldn't blame him because he didn't do it on purpose. Luckily my teacher saw it before that happened and she still gave me an A+.

● あんなウソをつかなくてもいいのに

ベッキーと今晩、オープンしたばかりのイタリアン・レストランへ行く予定だったけれど、4時頃になって「体調が良くないから行けない」という電話があったので、一人で映画を見に行くことにした。そしたらそこで彼女が男の人と一緒にいるのを見かけ、自分の目を疑ってしまった。体調が悪いと思っていたのに…。なんであんなウソをついたのよ！デートがあるならそう言ってくれれば良かったのに。別にそんなこと全然構わないんだから…。今度彼女に会ったら、どう接すれば良いのか分からない。

Tonight Becky and I were supposed to try the Italian restaurant that recently opened. But she called me around 4:00 and said that she couldn't make it because she didn't feel well. So, I went to the movies alone instead. And I saw her there with a man. I could hardly believe my eyes! I thought she wasn't feeling well. Why did she tell me such a lie? She could've told me that she was going on a date. I wouldn't have minded it at all. I'm not sure how I should react the next time I see her.

out of〜は「〜から、〜で」という意味で、〜には材料がくる。「A は B からできている」という表現は、A is made of B.または、A is made from B.で表す。B が材料なら of、原料なら from、つまり、B の資質が変化していないために、A を見てすぐに B でできていると分かる場合は of を使う。（木でできた机や紙でできた箱など。）一方、B の資質が変化しているために、A を見てもすぐに B からできているとは判断しにくい場合は from を使う。（ブドウからできたワインや、米からできた酒など。）recess は授業の間の「休み時間」のこと。break でも良い。smash は「粉々にする」という意味。ここでの upset は「腹立たしい＋悔しい」というミックスした気持ち。blame は「〜を責める」、on purpose は「わざと、故意に」。luckily は「幸いにも、幸運にも」という意味で、fortunately と置き換え可能。my teacher saw の saw は、文法的には had seen が正しいが、口語では単純過去でも良い。最後の still は「それにもかかわらず」、ここでは「崩れていたのにもかかわらず」という意味。

be 動詞＋supposed to＋動詞の原形で「〜することになっている、〜するはずである」という意味。予定や義務などを表すやわらかい表現。否定文になると、「〜するものではない、〜してはいけない」というような意味になる。recently opened の前の that は関係代名詞で、すぐ後ろに動詞が続いているので省略することはできない。2 文目の make it は「行く」という意味で、後ろに to the Italian restaurant が省略されている。feel well は「体調が良い」。instead は「その代わりに」。tell 人 a lie で「〜にウソをつく」、ここでは such「あんな、そんな」を入れて強調している。could've [クダヴ] は could have の短縮形。could have＋過去分詞形は「〜できたのに」という意味で、実際にはできなかったという事実を表す。本文のように「〜してくれても良かったのに」というような、相手がしなかったことに対する非難を表すこともある。go on a date で「デートに出かける」。I wouldn't have minded it at all.は、That wouldn't have bothered me at all.としても良い。mind は「〜を嫌だと思う、〜を気にする」という意味の動詞。react は「反応する」だが、「接する」というソフトな訳にしてある。next time＋主語＋動詞で「今度、主語が動詞する時」。

第9章　羨ましいことを日記に書く

● あんなふうに英語が話せたらなぁ

佳子さんは英語がとても上手い。私も彼女みたいに話せたらなぁ。

Yoshiko speaks really good English. I wish I could speak like her.

● 食べても太らない

妹はよく食べるのに、どれだけ食べても太らない。羨ましいなぁ。

My sister is a big eater. But no matter how much she eats, she never gains weight. She's lucky!

● お似合いのカップル

友達のブライアンはカッコ良くて、彼女がまたすごく可愛いんだ。お似合いのカップルだよ。俺もあんな彼女が欲しいなぁ。

My buddy, Brian, is a cool dude and has a very pretty girlfriend. They make a great couple. I want a girlfriend like her, too.

● 3階建ての家

今日、玲子さんの家のハウスウォーミング・パーティへ行った。大きな庭とガレージ付きの素敵な3階建ての家だった。私もあのような家に住めたらなぁ。

I went to Reiko's housewarming today. It's a beautiful three-story house with a big yard and a garage. I wish I could live in a place like that!

1文目は、Yoshiko speaks English very well.と表すこともできる。I wish I ＋過去形.で、「(実際は違うけれど)～だったらいいなぁ」という強い願望を表す。like her の like は「～のような」という意味。例を挙げる時によく使われる。

big eater は「よく食べる人」。1文目は My sister eats a lot.と置き換えられる。no matter how much 主語＋動詞で「～がどんなに(たくさん)～しても」という意味。gain weight で「体重が増える」。これを never で否定し、「太らない」と訳してみた。ちなみに lose weight だと「体重が減る」になる。She's lucky! の直訳は「彼女はラッキー」、「羨ましいなぁ」という気持ちが表せる。

buddy は「親しい友達」のこと。dude は「やつ、野郎」のことで、guy や person などと置き換えられるが、いずれも主に男性同士で使われるのがふつう。この make には、現在形で使うと「～である」、未来形で使うと「～になる」という意味がある。girlfriend like her で「彼女みたいなガールフレンド」。

housewarming とは、新居に移ったお祝いに友人を招くパーティのこと。観葉植物などのプレゼントを持っていくことが多い。ここでの story は「階」を指す。数字と story をハイフンでつなぐ場合は、たとえその数字が複数でも story に s は不要。yard は「庭」のこと。庭が広い欧米では backyard(1語)、front yard(2語)と区別することも多い。place は「場所」を表す一般的な語だが、ここでは house を指している。

● マンション購入

子供が成長したのでマンションを購入する友人が増えてきた。草刈りやペンキ塗りの必要がないのは楽でいいだろうが、私には叶えられない夢だろう。

More and more friends are buying condominiums now that their children are grown. I think I'd enjoy not having to mow grass, and not having to paint inside & outside. However, it's a pipe dream for me.

● 愛妻弁当

貝沼さんは毎日、会社に愛妻弁当を持ってくる。すごくおいしそうで、羨ましい。うちのかみさんも、たまには早く起きてお弁当を作ってくれたらいいのに…。

Mr. Kainuma brings lunch that his wife makes to the office every day. It always looks delicious. Oh, how lucky he is! I wish my wife got up early and packed me a lunch sometimes.

● 結婚記念日の贈り物

マリナがきれいなダイヤモンドのネックレスをしていた。結婚3周年の記念にご主人からもらったものらしい。すごく羨ましかった。うちの夫なんて、結婚記念日さえ覚えていないっていうのに！

Marina was wearing a beautiful diamond necklace. She said it was from her husband on their third wedding anniversary. I was really jealous. My husband doesn't even remember our anniversary!

「増える」というと increase という動詞を使いたくなるだろうが、more and more ～を主語にして文を作れば、簡単でしかもネイティブらしい表現になる。日本語でいう「マンション」は condominium、短縮形は condo。英語の mansion は「大邸宅、豪邸」という意味なので注意。I think I'd enjoy の 'd は would の短縮形で、仮定的な意味を含み、「(もしそうなったら) 楽しむだろう」といった感じ。enjoy の後ろに動詞が続く時は ing 形にする必要があるので、not have to mow grass「草刈りをする必要がない」の have が ing 形になっている。and 以降も同じ。pipe dream は「夢のような話、空想」などといった意味。

「愛妻弁当」は lunch that his wife makes「彼の奥さんが作る弁当」と表してみた。この that は省略可能な関係代名詞。every day は 2 語なら「毎日」だが、1 語で表すと「毎日の、日常の」という形容詞になることに注意。I wish の後ろの文で過去形が使われていることから、実際は作ってもらっていないことが分かる。wife は「妻、奥さん、女房、家内、かみさん」など、立場によっていろいろに訳される。pack 人 a lunch で「～のためにお弁当を詰める」だが、ここでは「～にお弁当を作る」と訳してある。

wear は「～を着ている」だけでなく、めがねをかけている、帽子をかぶっている、腕時計をしている、靴下をはいている、ひげをはやしている、香水をつけているなど、身に着けるものなら何にでも使える。jealous には「ねたむ」という意味もあるが、envious と同じような感覚で「羨ましい」を表すこともある。最後の文の even は「～さえ、～すら」という意味で、「プレゼントなんておろか、結婚記念日さえ覚えていない」ことに苛立ちの気持ちを込めて強調している。「結婚記念日」は wedding anniversary だが、最後の文は流れから理解できるので wedding は省略してある。husband は「主人、旦那、夫」など、立場によっていろいろに訳される。

第 9 章　羨ましいことを日記に書く

● 惚れ惚れするようなポルシェ

徳広がNSXを下取りに出して新車のポルシェを買った。惚れ惚れするほどカッコイイ。運転させてもらったけど、すごく早かった。彼のような車は無理だけど、俺もスポーツカーが買いたいな。

Norihiro traded his NSX in for the brand-new Porsche. It is so sweet. He let me take a spin in it and it sure was fast! I can't afford a car like his, but I want to get a sports car, too.

● ホーム・ヘルパーさん

友人の何人かが最近ホーム・ヘルパーさんに来てもらい始めた。食事の用意はしてもらえるし、家もきれいにしてくれて、とても助かると言っていた。お金を払う価値は十分あるらしい。私もそんな生活ができればいいけど。

Some of my friends started having home helpers come over to their places. All their meals are prepared and their houses are cleaned for them. They said they like it and it's worth the money. I wish I could afford such a lifestyle.

● カッコ良くて優しそうな彼

大学から駅に向かう途中で、誰かが友達と私に向かってクラクションを鳴らした。振り返ると、ベンツに乗った優子ちゃんとその彼氏で、超カッコ良くて優しそうだった。みんな2人が走り去る様子に見とれてしまった。とても羨ましかった。

On the way from college to the train station, someone honked at my friend and me. We turned around and saw it was Yuko and her boyfriend in his Mercedes. He was really cute and seemed very nice. We couldn't take our eyes off them as they drove away. How envious we were!

trade ~in は「(車や器具など)を下取りに出す」という意味。brand-new は new の強調形で「真新しい」。車などの感想として sweet を用いると、「惚れ惚れするような」「超カッコイイ」などといった意味になる。ここでの spin は「(乗り物の)一走り」を指す。can't afford ＋名詞は「～の余裕がない」という意味で、金銭的にも時間的にも使える。a car like his の his は「彼のもの」という意味で、he-his-him-his の所有代名詞(最後のもの)。

home helper は「ホーム・ヘルパー」、つまり、家に来て介護をしてくれる人のこと。start の後ろには ing 形または to ＋動詞の原形がくる。ここでの having は使役動詞で、have ＋人＋動詞の原形で「人に～してもらう」、あるいは have ＋物＋動詞の過去分詞形で「物を～してもらう」という意味。2 文目は主語が meals と houses なので、受動態(～される)で表されているが、日本語は自分を主語にして「～してもらえる」というような表現で訳してみた。worth は形容詞で「～の価値がある」という意味。can afford ~ は「～の余裕がある」という意味で、金銭的・時間的のどちらの場合にも使うことができる。I wish I ＋過去形の文. から、事実とは反する希望を述べていることが分かる。

on the way は「途中で」。日本語では、わざわざ「電車の駅」と言わなくても「駅」で十分だが、英語の station には gas station、fire station、radio station など、様々な意味があるので、train を入れた方が明確になる。honk は「クラクションを鳴らす」、turn around は「振り返る」、Mercedes は「メルセデス・ベンツ」、車のメーカーのこと。Mercedes Benz が正式名称だが、Mercedes や Benz と一方だけを呼ぶことが多い。それぞれ［マ～セィディズ］、［ベンズ］と発音。cute は男性に対して使うと「カッコイイ」という意味のスラング。seem は「～そう」で、「実際は分からないけど～そうだ」と言いたい時に使う。見た目でそう感じた場合は look も使える。can't take ~'s eyes off A で「A から目が離せない」、つまり「A に思わず見とれてしまう」ということ。envious は「羨ましい」という意味の形容詞で、動詞は envy。

第9章 羨ましいことを日記に書く

● **高級ワゴン**

近所の人が新しいワゴンを買った。バケットシートで、テレビ、ナビ、ラジオにCDチェンジャーまで付いている。僕もああいうのが欲しいけど、当分の間は10万キロも走っているこのポンコツ車で、我慢しなければならない。

My neighbor just bought a new van. It has bucket seats, a television, a navigation system and a stereo radio and CD changer. I would enjoy having one too, but I have to continue driving my old clunker with 100,000 kilometers on it.

● **特許で一儲け**

友達が夢みたいな話をしてくれた。使い勝手の良いガーデニングの道具を思い付き、特許を申請していたところ、昨年その特許が取れたらしい。そして、その道具が販売されるなり、すごい勢いで売れ出し、それでかなり儲けていると言う。ちょっぴり羨ましかった。「何かアイデアを練って特許を取るといいよ。」と言われた。そうだな、何か考えてみようかな。

A friend of mine told me her dream-like story today. She hit on the idea for an easy-to-use gardening tool and applied for the patent, which she got last year. As soon as the tool went on sale, it started to go like hot cakes, and she's making a fortune. I was a bit jealous. She encouraged me to think about ideas and get a patent. Yeah, I might as well try.

van は 8 人乗りぐらいの長いタイプの車をいう。荷物を運ぶような商業用のものは、delivery van。station wagon は後部座席が取り外しできるような、乗用車サイズのものを指す。bucket seat は「バケットシート」、navigation system は「ナビゲーター」のこと。television は TV でも良い。I would enjoy having it. の would は仮定法。「そのような車を持つほどの余裕はないけれど」という事実のもと、「(仮にもし余裕があれば)そういう車も楽しめるだろう」という仮定的な話をしている。その後で、I will have to... と will で事実を述べている。clunker とは「ポンコツ車」のこと。heap of junk ということもある。clunker の後ろの with は「～がある、～が付いた」という意味。kilometers は [キロミターズ] と発音。アメリカではマイルで表す。(1 mile=1.6 kilometers) ちなみに「走行距離」はマイルでもキロでも mileage になる。最後にある on it の it は the clunker を指す。この on は 10 万キロが車に「乗っている」という感じ。

dream-like で「夢のような」、hit on ～で「～を思い付く」という熟語。偶然性が強い。～に人がくると、口語で「～をナンパする」という意味になる。easy-to-use は「使いやすい」、このように単語をハイフンで結ぶと形容詞が作れる。apply for ～は「～を申し込む」。特許やパスポートなどを「申請する」場合や、正式に願い出て許可を得る場合などに用いることが多い。同じような意味の熟語に sign up for ～があるが、こちらは旅行や講義、クラブなどを申し込む場合に用いられる。patent は「特許」、as soon as + 文で「～するとすぐに」、go like hot cakes で「飛ぶように売れる」。go を sell にしても良い。make a fortune で「がっぽり儲ける」という意味の熟語。jealous は「嫉妬深い、ねたんで」という意味もあるが、口語では単なる「羨ましい」という意味もあるので、状況や人間関係で正しく使い分けると良い。encourage には「励ます、勇気づける」以外にも、「～するよう勧める」という意味もある。ここでは後者の意味。might as well + 動詞の原形は「～してみようかな、～するのも良いかな」という意味で、might を may にすることもある。

● 沖縄旅行とデジカメ

静子さんとデパートへ買い物に行った。サマーセールをやっていて、3千円以上買うごとに抽選券をくれた。買い物が終わって抽選に行くと、彼女が当たりを引いて沖縄旅行をゲット。信じられないほどついていた。先月はデジカメを当てていたし…。どうしたらあんなに運良くなれるのかしら。

I went shopping with Shizuko at a department store. They had their summer sale and we got a lottery ticket if we did more than 3,000 yen's worth of shopping. After the shopping, we went for the lottery drawing. My word, she drew a winning number and got a free trip to Okinawa! She was unbelievably lucky. She just won a digital camera last month. I wonder what brings her good luck all the time.

● 10万人目の来館者

ルノワール展を観に美術館へ行った。混んでいて入館するのに行列に並ぶほどだった。もうすぐで入れるという時になって音楽が流れ出し、館員さんが近づいてきた。何事だろうと思ったら、私の前の男性がちょうど10万人目の来館者だったらしく、プレゼントをもらっていた。彼ったらラッキーね。並んでいたのがもう少し早かったら私が10万人目だったのに。

I went to see Renoir's works at the museum. It was so packed that I had to stand in line to get in. When my turn was about to come, music started to play and the staff walked towards me. I wondered what was going on, and it turned out that the man in front of me was the 100,000th visitor and he received a gift for that. Wow, lucky him! If I had made it in the line a bit earlier, I could've been the 100,000th!

lottery ticket は「宝くじの券」のことだが、「抽選券」という意味としても使われる。lottery は lot と略しても良い。ここでは did shopping で「買い物をする」を表現。これに more than 3,000 yen's worth of が挿入され、「3千円以上の買い物をする」となっている。worth は「価値、値打ち」の意味。lottery drawing は「抽選、くじ引き」、draw a winning number は「当たりを引く」、win は「～が当たる」という意味。My word は驚いた時に用いる言葉で、特に意味はない。unbelievably は「信じられないほど」という副詞。unbelievable は形容詞。「デジカメ」は和製英語で、digital camera と言わないと通じない。I wonder は「～かしら」、what brings her good luck は「何が彼女に幸運をもたらすのか」、all the time は「いつも、しょっちゅう」、この2つを組み合わせ、本文では「どうしたらあんなに運良くなれるのかしら」と訳してみた。

ルノワールは Renoir [ゥレンワ～] または [ゥランワ～] と発音。ついでに、ゴッホは Gogh [ゴゥ]、モネは Monet [モゥネィ]、ゴーギャンは Gauguin [ゴゥギャング]、ピカソは Picasso [ピカーソゥ] と発音。work には「作品」という意味もある。packed は「混雑した、ぎゅうぎゅう詰めの」という意味で、crowded でも良い。so＋形容詞＋that＋文は「～なほど形容詞」、「とても形容詞なので、～」で、結果や程度を表す構文。stand in line で「列に並ぶ」、stand の代わりに wait も使える。my turn の turn は「順番」という名詞。towards me は「私の方へ」。toward とすることもある。It turned out の turn は動詞。turn out には様々な意味があるが、ここでは「(結果として)～であることが分かる」という意味。in front of ～で「～の前の [に]」、「～の後方に」なら behind ～や in back of ～。in the back of ～だと「～の後部に」という意味になり、離れた後方ではなく、物の後ろの部分を指すことに注意。at the back of ～なら上記のどの意味にもなる。visitor は visit「訪れる」＋or「人」。美術館なら「来館者」、病院なら「見舞い人」、ホテルなら「滞在客」、観光地なら「観光客」、自宅なら「訪問客」と、幅広く使える言葉なので覚えておくと便利。lucky＋人で「～はラッキー、～が羨ましい」という意味。make it to＋場所は「～にたどり着く」。最後の If I had＋過去分詞形, I could have＋過去分詞形.は「もし私が～していたら、～できていたのに」という、過去の実現しなかった事実と、もし実現していたらという仮定を表す文。

第9章 羨ましいことを日記に書く

第10章　緊張したこと・不安なことを日記に書く

● 結婚披露宴のスピーチ

明日、友達の結婚披露宴でスピーチをしなくてはならない。ちょっと緊張するなぁ。

I've got to give a speech at my friend's wedding reception tomorrow. I'm a bit nervous about it.

● 選手発表

明日、コーチから日曜日の試合に出る選手の発表がある。自分の名前が入っていることを願う…。

Tomorrow, our coach is going to tell us who will play in the game this Sunday. I hope my name is on the list.

● 明日は入学式

明日は高校の入学式。すごく緊張する。明日、さっそく新しい友達ができるといいなぁ。

Tomorrow is my high school entrance ceremony. I'm really nervous. I hope I can make some new friends.

● ブラインド・デート

週末にインターネットで知り合った女性と会うことになっている。ドキドキするけど、楽しみでもある。うまが合ってお互いに気に入ればいいなぁ。

This weekend, I'm going to meet the lady I got to know on the Internet. I'm anxious. I hope we'll click and like each other.

I've got to は I have got to の短縮形で、「〜しなければならない」という意味。have to と同じ。give a speech で「スピーチをする」。make a speech でも良い。「結婚披露宴」は wedding reception。「結婚式」は wedding ceremony。a bit は a little と同じ意味で「少し」。a little bit と言うこともある。about it の it は「スピーチをすること」を指している。つまり、giving a speech のことだが、特に訳は入れていない。

1文目を分けて考えると、our coach「私たちのコーチが」、is going to tell us「私たちに言う予定」、who will play「誰がプレイするのか」、in the game this Sunday「今週の日曜日の試合で」となり、これで「発表がある」というような意味になる。「発表する」という動詞を使いたければ tell us を announce にすれば良い。「言う」という語の使い分けは、内容や要約を伝えるような場合は tell、言ったことをそのまま伝える場合は say、しゃべるというだけの感じで話す場合は talk、演説など改まって話す場合は speak を使うことが多い。on the list で「リストに載っている」。ここでは「入っている」と訳してある。

「入学式」は entrance ceremony。「〜に入学する」は enter で良い。ついでに、「入学金」は entrance fee、「入学試験」は entrance exams または entrance examinations、「入学願書」は application form for admission と言う。I hope の後ろは「〜だと」という接続詞の that が省略されている。「友達を作る、友達になる」は make friends。「彼と友達になった」は I made friends with him. と言うが、たとえ1人の場合でも friend は常に複数形になることに注意。

初めて会う場合は meet を用いる。the lady の後ろに関係代名詞の who や whom が省略されている。know は「知っている」、get to know なら「知り合う」、on the Internet は「インターネット上で」。anxious は「不安な、心配な」という意味だが、場合によっては、不安とワクワクする気持ちをミックスしたような意味になる。ここでは後者の意味。hope の後ろに接続詞の that が省略。click は「うまが合う、意気投合する」という意味。ちなみに、見出しの blind date「ブラインド・デート」とは、知らない者同士が初めてするデートのこと。

第10章 緊張したこと・不安なことを日記に書く

● 電話応答

〈仕事3日目〉　会社で電話の応答を始めた。すごく緊張して、うまく対応できるかどうか心配だったけど、まぁまぁ良くできたと思う。

〈Day 3 at work〉　I started answering phones in the office. I was really nervous and worried about whether I could handle them OK. I guess I did pretty well.

● 運転免許の実技試験

今日、運転免許の実技試験を受けた。2回目だったから緊張した。友達が見ているのが視野に入り、もっと緊張してしまった。合格したかどうかは分からないけど合格していることを祈る。

I took my driving test today. It was my second time and I was tense. I saw some friends watching me, and that made me even more nervous. I'm not sure if I passed it, I sure hope I did.

● バイオリンの発表会

今週の日曜日はバイオリンの発表会がある。大勢の人の前で弾いている自分を想像すると心臓がドキドキする。すごく気持ちが高ぶっている。とにかく早く終わらせたい。

This Sunday is my violin recital. Whenever I imagine myself playing in front of a large audience, my heart starts to beat so fast. I'm really keyed up. I just want to get it over with asap.

「3日目」は Day 3 または 3rd day となる。start ～ing で「～し始める」。answer phones は「電話に出る」という意味。「職場」という意味での「会社」は、company よりも office の方がふさわしい。handle は日常よく使われる言葉で、実に様々な意味があるが、ここでは「～を対処する、～を処理する」。続く them はかかってきた電話を指している。OK の代わりに all right や well も可能。guess には「推測する」という意味があるが、会話ではよく I think と同じように使われる。ここでの pretty は副詞で「かなり、結構」という意味。

「運転免許の実技試験」は driving test。my driving test の my は the でも良い。「2回目だった」は It was the second time for me. と表すことも可能。tense は「緊張した」で、nervous と同じ意味の形容詞。see は「～が視野に入る、（単に）～を見る」、watch は「（じっと）～を見る」という意味。see 人 ～ing で「人が～しているのが見える」。that made me even more nervous の that は、友達が見ていることを指している。made me even more nervous は「私をさらに緊張させた」となる。ここでの even は more nervous という比較級をさらに強める働き。if I passed it は「合格したかどうか」、I sure hope I did. の did は passed it を指している。

recital は「（音楽に関わる）発表会」のこと。whenever は「～する時はいつでも」という when を強調した言葉。imagine は「～を想像する」、myself playing は「弾いている自分」。in front of ～で「～の前で」、audience は「聴衆、観衆」。audience はいつも単数形で用いる。many audience とは言えないが、a large audience なら良い。もちろん、簡単に many people とすることも可能。beat は「ドンドンと鳴る」。ここでは心臓が主語になっているので「鼓動がなる」、これで「ドキドキする」が表せる。keyed up は「気持ちが高ぶった、緊張した、興奮した」という意味。get it over with は「それを終わらせる」。asap は as soon as possible の頭文字をとったもので、「できるだけ早く」という意味。[エィエスエィピィ] または [エィセアップ] と発音。

● 大学入試

昨日は大学入試だった。入試前日はゆっくり睡眠をとろうと思ったけど、すごく緊張していて全然眠れなかった。昨日の夜はとても疲れていたので11時間も寝てしまった。

Yesterday was the day of the university entrance exams. I was going to get a good rest the night before, but I was so tense that I couldn't sleep at all. Last night, I was so exhausted that I slept for 11 hours.

● 本社からのお偉いさん

今日、本社から重役が2人来た。私は直接彼らと接することはなかったけど、2人がいるってだけでちょっと緊張して落ち着かなかった。会社は1日中、なんとなく「重い空気」がただよっていた。

Two CEOs came to our office from headquarters today. I didn't have to deal with them, but I felt kind of nervous and uncomfortable having them around. There was a sort of "tense" atmosphere in the office all day.

university entrance exams で「大学入試」。「高校入試」なら university を high school に変えれば良い。get a good rest で「良い休息をとる」、これで「ゆっくり睡眠をとる」となる。sleep well や sleep tight と同じような意味。take a good rest でも良い。the night before は「その前の夜」、つまり「おとといの夜」ということ。the night before last の last が省略された形。the ～ before を使えば、さまざまな「2つ前の～」を表現できる。so tense that I couldn't sleep は、so＋形容詞＋that I couldn't＋動詞の原形「とても形容詞だったので～できなかった」という構文に基づくもの。これは too＋形容詞＋to＋動詞の原形に置き換えることができる。exhausted は「疲れ果てた」。so exhausted that I slept for 11 hours は so＋形容詞＋that＋文「とても形容詞なので～」という結果を表す構文に基づくもの。これは「～なほど形容詞」という形容詞の程度を表す訳も可能。ここでは「とても疲れていたので11時間も寝てしまった」、または「11時間も寝てしまうほど疲れていた」という意味。

CEO は chief executive officer の略で、「最高経営責任者」、つまり「重役」のこと。headquarters は「本社」。from headquarters という言葉で状況が分かるので、to our office の訳は入れていない。deal with 人で「～を相手にする」という意味。kind of は「少し、いくぶん」、uncomfortable は「居心地が悪い、リラックスできない」という意味だが、ここでは「落ち着かない」と訳してみた。having them around は「彼らが周りにいる」ということ。sort of は「なんとなく」という意味で、kind of との置き換えが可能だが、1文前に kind of が使われているため、sort of の方がくどくどしさがなくて良い。tense は「緊張した」、atmosphere は「雰囲気（ふんいき）」だが、この2つで「重い空気」を表現してみた。"tense" atmosphere という言葉はないので、引用符を用いて特別な語であることを表している。

● 家庭訪問

午後、息子の家庭訪問があった。私は午前中ずっと緊張し、そわそわしていた。先生が息子の授業中の様子など、いろいろ話してくださった。なかなかベテランの先生のようだった。息子がクラスのリーダーであると聞いて嬉しかった。

My son's teacher came to our house this afternoon. I was on pins and needles all morning waiting for her visit. She told me how he's doing in class and everything. She seemed experienced. I was glad to hear that he's the leader in class.

● 初めてのプレゼンテーション

3時の会議でプレゼンテーションをしなければならなかったため、1日中緊張していた。ものすごい緊張でお昼も食欲がなかった。プレゼンテーションでは、声も持っていた紙も震えてしまい、たった15分だったが、それ以上に長く感じた。あれが最初で最後だといいのだが…。

I was tensed up all day because of the presentation I had to make in a meeting at 3:00. I had butterflies in my stomach and didn't have any appetite for lunch. At the presentation, my voice and the paper I was holding were shaking. It was only fifteen minutes, but it seemed a lot longer than that. I hope that was the first time and the last time.

「家庭訪問」にぴったりの名詞はないので、1文目のような文で表すしかない。came to の代わりに visited としても良い。on pins and needles は「落ち着かない、そわそわした」という意味。how he's doing in class は「彼が授業中どのようにしているか」ということ。これで「授業中の様子」が表せる。主になる動詞が told と過去形になっているので how he was... としても良い。experienced は「経験豊富な」、これで「ベテランの」という意味になる。「熟練した」や「専門家」という意味を持つ expert を使うこともできる。veteran に「ベテランの」という意味がないわけではないが、「退役軍人」の意味で使われることがほとんど。最後の文も主になる動詞は was で過去形だが、彼は今でもリーダーなので、時制の一致は無視して he's（＝he is）のままになっている。

tensed up は「緊張した」という意味で、up はなくても良い。stressed や stressed out という表現も可能。the presentation I had to make で「しなければならなかったプレゼンテーション」という意味。presentation の後に関係代名詞の that や which が省略されている。have butterflies in ~'s stomach で「すごく緊張する、胸がドキドキする」という慣用表現。「胃の中でチョウが羽をパタパタさせている（？）」という感じ。appetite は「食欲」。the paper I was holding は「持っていた紙」という意味で、paper の後ろに関係代名詞の that や which が省略されている。seem は「~と思われる」、a lot longer は「もっと長い」、than that は「それよりも」。全体で「それ以上に長く」という意味。この that は fifteen minutes のこと。I hope that の that は the presentation を指している。くどい響きになるが、接続詞の that を省略しないで I hope that that was... とすることもできる。the first time and the last time は日本語と同じく、「最初で最後」という意味。「これっきり」という訳も可能。

第10章 緊張したこと・不安なことを日記に書く

● ホテルでランチ

ミキさんと 5 つ星ホテルでランチを食べた。料理を待っている間、周りを見渡すと、みんな裕福な人に見えて自分が場違いのような気がした。料理が運ばれてくると、今度はテーブルマナーが分からず緊張し、ただ、ミキさんがするようにしていた。料理はおいしかったけど、自分がいつも行くレストランの方が気楽でいいなぁと思った。

I went out to lunch with Miki-san at a five-star hotel. I looked around while waiting for the dishes to come. The people looked wealthy and I felt out of place. When the dishes came, I got nervous since I didn't know much about table manners. I just followed what she did. The food was great, but I felt the restaurants I usually go to are much more comfortable.

● 雑誌の取材

午後、雑誌社のインタビューに応じた。部屋に入ると、インタビュアー、ライター、カメラマンの 3 人の方が待っていた。初めての経験で少し緊張したけれど、彼らの気さくさで緊張がほぐれ、自分らしくいられた。うまく自分を表現できたと思う。

I had an interview with a magazine publishing company this afternoon. When I stepped into the room, there were three people waiting for me: an interviewer, a writer and a photographer. It was my first experience and I was a little tense. But their friendliness helped ease my tension and I was able to be myself. I think I expressed myself well.

five-star hotel は「5つ星ホテル」。☆の数でランク分けした時に、星が5つ付くようなホテル、つまり「高級ホテル」のこと。look around で「周りを見る」、while ～ing で「～している間」。「そこにいた人たち」と限定しているので people に the が付いている。wealthy は「裕福な」で rich と同じような意味。feel out of place は「場違いに感じる」という意味。日本語と同じ発想で分かりやすい。get nervous の get は続く形容詞の状態になるという意味で、心境や体調、状況などの変化を表す。not know much about ～は「～についてあまり知らない」という意味。table manners はそのまま「テーブルマナー」、ただし manner に s が付くことに注意。follow は「後に続く、真似をする」、what she did で「彼女がしたこと」。I felt の後に接続詞の that が省略されている。comfortable は「居心地が良い」だが、ここでは5つ星ホテルでの緊張したランチと比較して、「気楽な」という訳にしてみた。

have an interview with ～は「～のインタビューに応じる」、または「～にインタビューする」。with のあとに続く単語と状況でどちらの意味なのかを判断する。誤解を避けたい場合は、～ interview 人で「～が人をインタビューする」、または be 動詞＋interviewed で「インタビューされる」という受け身を使えば良い。magazine publishing company は「雑誌社」。「カメラマン」は photographer。cameraman だと「映画やテレビのカメラマン」を意味することが多い。experience は「経験」。It was my first experience. は It was the first experience for me. で書き換えられる。friendliness は「気さくさ」という名詞。形容詞は friendly で「気さくな」。helped ease my tension は「緊張をほぐすのを手伝った」というのが直訳。helped の後に to が省略されている。helped me to ease ... としても良いが、to が入ると形式的な響きがする。be 動詞 ～self で「自分らしくいる[ある]」という意味。express は「表現する、考えをはっきり述べる」。

第11章　心配・気がかりなことを日記に書く

● 抜け毛

髪が減ってきている気がする。はげたら嫌だなぁ。シャンプーを変えた方がいいだろうか。

I feel that I'm losing hair. I don't want to go bald. I wonder if I'd better change shampoos.

● 無事で良かった

1番下の息子がいつもの時間になっても帰って来なかった。とても心配していたが、7時になってやっと帰って来たので、すごくほっとした。

My youngest son didn't come home by the time he usually does. We were worried sick. Finally he came home at 7:00. We were really relieved.

● 散らなければいいけれど

今夜は風がとても強い。明日、仕事の後で花見パーティがあるため、桜が持つかどうか心配だ。パーティの前に散らなければいいけど…。

It is very windy tonight. I'm concerned about whether or not we can enjoy the cherry blossoms tomorrow. We are having a party under the cherry trees after work. I hope the blossoms don't all fall before then.

I feel（that）＋文．で「〜の気がする」。ここでの lose は「〜が減る」という意味。bald は「（頭が）はげた」という形容詞で、この go は「（好ましくない状態に）なる」という意味。I wonder if＋文．で「〜かなぁ」という自分への問いかけ。I'd は I had の短縮形。had better＋動詞の原形で「〜すべき」という意味。should に比べて意味が強いので、人に使う時は相手を選ぶこと。

ここでの by は「〜までに」という意味。the time he usually does は「彼がいつもそうする時間」、つまり「彼がいつも帰宅する時間」のこと。この does は comes home を指している。worried は「心配な」という形容詞で、これに sick を付けると very worried と同じ意味になる。relieved は「ほっとした」という形容詞。

windy は「風が強い」という意味の形容詞。天気用語を用いる時の主語は it が一般的。concerned は「心配な」という形容詞で、worried でも良い。 whether ... tomorrow までの直訳は「明日、桜の花を楽しむことができるかどうか」だが、もう少し展開して「桜が明日まで持つかどうか」と訳してみた。We are having a party は現在進行形だが、意味は予定として決まっている未来を表す。party under the cherry trees は「桜の木の下でのパーティ」。本文では、これで「花見パーティ」を表してあるが、cherry-blossom-viewing party としても良い。ここでの fall は「散る」という意味。before then の then は「その時」。ここでは、明日のパーティをする時間を指している。

第11章 心配・気がかりなことを日記に書く

● できちゃったかなぁ？

生理が来てもおかしくない頃なのに、まだ来ていない。5日も遅れている。「もしかして」という不安が頭をよぎる。今、妊娠している余裕なんてないもの…。早く来ないかなぁ。

I'm supposed to be having my period now but it hasn't started yet. It's 5 days late. I've already started to worry about the what-ifs. I can't afford to get pregnant right now. I hope it starts soon.

● 娘の留学

娘が来週、カナダに留学する。今まで親元を離れたことがないから、すごく心配だが、早く新しい環境に慣れて、しっかり勉強し、カナダでの生活を楽しんで来てくれることを願う。

My daughter is leaving for Canada next week to study English. It worries me because she's never been away from home. I hope she gets used to the new environment soon, studies hard and enjoys her time there.

be 動詞＋supposed to＋動詞の原形 now で「今〜しているはずの頃」という意味。ここでの period は「（女性の）生理」のこと。「今、生理なの。」は I'm having my period. と言う。また、It's that time of the month. という言い方もある。ついでに、生理前のイライラ状態を PMS ［ピィエムエス］（Premenstrual Syndrome の略）と言う。It hasn't started yet. は「まだ、生理が来ていない」という意味。late は「（時間などが）遅い」という意味。「（速度などが）遅い」場合は slow。ここでの worry は「心配する、不安に思う」という意味の自動詞。後ろに about を続ければ「〜について」という不安の内容を表せる。what if は「もし〜だったら」という意味。これをハイフンでつないで「もしものこと」というような意味の名詞にしてある。ここでは様々な想像をしているので、what-ifs と s が付いている。can't afford to＋動詞の原形 で「〜する余裕がない」。I can't afford の後ろは、to get pregnant の代わりに to be mother「お母さんになる余裕がない」としても良い。時間的、経済的のいずれにも使える。get pregnant で「妊娠する」。最後の文は、hope の後に接続詞の that が省略されている。

leave for＋場所で「〜へ出発する」。leave＋場所だと「〜を出発する」。for が入るか入らないかで、行き先か出発地かが変わってくるので注意。確実に起こる予定は、1 文目のように現在進行形で表すと良い。「留学する」という動詞はない。あえて言えば study abroad「海外で勉強する」だが、A lot of people study abroad nowadays.「最近留学する人が多い。」のように、漠然と「留学する」という場合は良いが、具体的に留学先が決まっている場合は、study in＋国名 や go to＋国名 to study のように、説明的に表す方が良い。2 文目の worry は「〜を心配させる」という他動詞。心配させる物事が主語になり、worry の後には人がくる。... she's never been away from home. の she's は she has の短縮形。been は be 動詞の過去分詞形。ここでは away from home「家から離れて」と一緒に用いて、「親元を離れたことがない」という経験を表す現在完了になっている。get used to＋名詞で「〜に慣れる」。「〜に慣れている」という状態は、get の代わりに現在形の be 動詞を用いれば良い。「〜することに慣れている」と言いたければ、名詞の代わりに動詞の ing 形を用いる。environment は「環境」、study hard は「一生懸命勉強する」、enjoy は「〜を楽しむ」で、名詞か動詞の ing 形が続く。her time there は「そこでの時間」という意味だが、「そこでの生活」と訳してある。

第 11 章　心配・気がかりなことを日記に書く

● 飛行機墜落のニュース
飛行機が韓国の山に墜落したというニュースを聞いた。ちょうど今、姪が韓国を旅行中なのに…。彼女がその飛行機に乗っていないことと、乗客が皆、無事であることを祈っている。
I heard on the news that an airplane crashed into some mountains in Korea. Oh, my gosh! My niece is traveling there right now. I pray that she wasn't on that plane and that those passengers are all right.

● 学校で何かあったのかしら？
息子がしょんぼりした顔で帰ってきた。家に入るなり、すぐに自分の部屋へ上がって行ってしまった。何かあったのか尋ねたかったけれど、しばらくそっとしておいてあげることにした。明日、元気になっていればいいけど。
My son came home with an unhappy face. As soon as he came in the house, he went up to his room. I wanted to go ask him what was wrong, but I decided to leave him alone for a while. I hope he feels better by tomorrow.

heard は hear「聞く」の過去形で［ハ〜ドゥ］と発音。［ヒァ〜ドゥ］ではない。news は［ニューズ］または［ヌーズ］。こちらも発音に注意。「飛行機」は airplane。単に plane としても良い。crash は「墜落する」という意味。I'm going to crash now.「もう寝る」のように、スラングで「寝る」という意味もある。Oh, my gosh!は、驚いた時やあきれた時などに使う言葉だが、ここでは特に訳を入れていない。gosh は god をえん曲的にしたもので、goodness でも良い。right は続く単語を強調する働きがあり、right now で「ちょうど今」になる。pray は「祈る」。…that she wasn't on that plane and that those passengers are all right.だが、最初の that は接続詞で省略可能。on that plane の that は「その」という意味で省略はできない。and that の that は I pray につながる接続詞の that で、これは省略可能。passenger は「乗客」のこと。この文は、… wasn't on the plane「飛行機に乗っていなかった」という過去形の文と、… are all right「無事である」という現在形の文がミックスされているが、これは実際の内容をそのまま表したもので、口語では問題はない。

come home で「家に帰る」。go home も「家に帰る」。話し手が今、家にいる場合は come home、話し手が今、学校や職場など出先にいて「帰る」という場合は go home。ただし、電話などで家にいる人に「今から帰る」という場合は、出先からでも come home を使う。with an unhappy face は「しょんぼりした顔で」。as soon as＋文は「〜するとすぐに」という意味。went up と up が入っていることから、部屋が 2 階にあることが想像できる。go ask him は go and ask him、または go to ask him のように、本来 and や to が入るべきだが、口語では go や come に別の動詞が続く場合、この and や to を省略することがよくある。leave 〜 alone は「〜をそっとしておく、〜を 1 人にする」という意味。〜のところに them のような複数形がくる場合でも alone で良い。for a while は「しばらく、少しの間」という意味。

● 顔のシミ

最近、顔のシミが目立つようになってきた。ファンデーションをぬって隠そうとしても、あまり効果がない。去年の夏、日光に肌をさらし過ぎたかも…。エステに行きたいけど、そんなお金はないしなぁ。どうしよう…。

Some spots have started to show on my face lately. I put on some foundation cream to hide them but it isn't much help. Maybe I exposed my skin to the sun a bit too much last summer. I want to go get a facial but I can't afford it. What should I do?

● 前立腺肥大の手術

主人が明日、前立腺肥大の手術を受ける。先生は心配いらないとおっしゃったけど、とても心配。というか、心配しないでいられるわけがない。とにかく、手術が成功し、早く良くなることを祈っている。

My husband is going to have an operation for an enlargement of his prostate tomorrow. His doctor told me not to worry about it but I'm really worried. I mean, how can I not be? Anyway, I'm praying that the operation is a success and he gets better soon.

顔の「シミ」は spot。何かによって変色した「染み」や、「はん点」「汚れ」などという意味もある。stain も「染み」や「汚れ」の意味だが、体にあるシミは含まない。インクなどのにじみによる「汚れ」は blot、油などによる「汚れ」は smear と言う。show は「～を見せる」のほか、「見える、現れる」という意味もある。ここでは後者の意味で、「目立つ」を表現。lately は現在完了形で使う「最近」。put on ～ で「～をぬる」。to hide は「隠すために」という目的を表す。not much help は「あまり効果がない」。maybe は、あまり定かでない理由や事実を述べる時に使って、「～かもしれない」「たぶん～だろう」を表す。expose は「～をさらす」、to the sun で「太陽に」、これで「日光にさらす」となる。a bit too much は「少し～過ぎる」。get a facial は「エステに行く」という意味。facial といっ言葉からも分かるように、エステティックサロンで顔のトリートメントをしてもらうことを指す。I can't afford it.は「それをするだけの余裕がない」で、ここでは金銭的な余裕を指している。What should I do? は「どうしよう…」という決まり文句。人にアドバイスを求める時、自分に問いかける時のいずれにも使える。

「手術を受ける」は have an operation。have の代わりに get や undergo も使える。ここでは is going to have で未来の予定を表しているが、is having と表現することも可能。enlargement of his prostate は「前立腺肥大（ぜんりつせんひだい）」のこと。手術に病名を用いる時は for＋病名で表す。「目の手術」というように体の部位を用いる場合は、on ～'s＋体の部位になる。ここでの「先生」は doctor、「医者」のこと。not to worry で「心配しないように」となる。not は to の前にくる。この worry は「心配する」という動詞。I'm really worried.の worried は「心配している」という形容詞。I mean,は日本語の「…というか」に似た意味で、今言ったことを言い直す時に使う。..., how can I not be?は最後に worried が省略され、全体で、「どうしたら心配しないでいられるの？」→「心配するに決まっているでしょ」という修辞疑問（しゅうじ）。success は「成功」という名詞。successful は「成功した、好結果の」という形容詞。succeed は「成功する」という動詞。

第11章 心配・気がかりなことを日記に書く

● ケチって思われるかな？

1ヶ月前、メグミに 3 千円貸したことを思い出した。そんなこと、すっかり忘れていたけど、きっと彼女も忘れているのだろう。たった 3 千円だけど返してもらいたい。でも、いきなり返してなんて言ったら、私のことをケチだと思うかもしれない。きっかけがつかめるまで待った方が良さそうだわ。

I just remembered that I had loaned Megumi 3,000 yen about a month ago. I'd totally forgotten about it. I bet she has, too. It's only 3,000 yen but I want it back. If I ask her to give it back to me out of the blue, she might think I'm stingy. I guess I'd better wait until I get a chance.

rememberには「覚えている、覚えておく」と「思い出す」という意味があるが、ここでは後者の意味。loanはlendと同じく、「お金を貸す」「物を無料で貸す」という意味。最初の文は、過去に起きた2つの出来事を1文にまとめたもの。remembered「思い出した」という出来事と、had loaned「貸した」という出来事を比較し、古い方を過去完了形（had＋過去分詞形）で表している。totallyは「完全に、すっかり」という強調の意味。I betはI'm sureと同じで、物事が確信できる時に使う。she hasの後ろにはforgotten about itが省略されている。out of the blueは「いきなり、突然に、出し抜けに」という意味の熟語。she might thinkで「彼女は思うかもしれない」、stingyは「ケチな」という意味の形容詞。tight with 〜's moneyとすることもできる。cheapskateやmiserでも良いが、この2つは名詞。wait untilは「〜まで待つ」。untilをtillにしても良い。I get a chance.は「機会を得る」という意味。ここでは「きっかけがつかめるまで」という訳にしてある。

第11章　心配・気がかりなことを日記に書く

第12章　安心・ほっとしたことを日記に書く

● 出張先で地震

旦那の出張先で地震があったとテレビで聞いた。滞在しているホテルに電話してみたら無事だった。あ〜、良かった。

I heard on TV that there was an earthquake in the area where my husband is on business. I called him at his hotel. He was safe. Oh, what a relief!

● やっと届いた引換券

3日後に台湾へ出発する。出発までに航空引換券が届くか心配だったが、今日届いた。やれやれ！

I'm leaving for Taiwan in three days. I'd been worrying about whether I would get the claim ticket for my flights in time, but I got it today. Whew!

● 電気ストーブの消し忘れ

今朝、仕事に出かける前に電気ストーブを消し忘れたような気がした。確かめようと思って家に戻ってみると、やっぱりついていた。確認して良かったと、ほっとした。

I had a feeling that I had forgotten to turn off the electric heater before I left the house for work this morning, so I went back home to double-check. I was right, it was on. I was glad I checked it, and I heaved a sigh of relief.

earthquakeは「地震」のこと。「洪水」ならflood、「雪崩」ならavalancheという具合に、名詞を入れ替えてみるのも良い。in the area where my husband isは「旦那がいる場所」、on businessは「仕事で」。これで「出張先」が表せる。his hotelとなっているが、「彼が滞在しているホテル」ということは文脈から分かる。reliefは「安心、ほっとさせること」という名詞。What a relief!は「あ〜、良かった」「あ〜、ほっとした」という意味の感嘆文。

未来の「〜後」はinで表す。I'd been worryingは「ずっと心配していた」で、このworryは動詞。I'd been worried.とすることも可能で、このworriedは形容詞。claim ticketとは「引換券」のこと。for my flightsが付けば「航空引換券」になる。「航空券」はair ticket、airplane ticket、plane ticket。in timeは「時間内に、間に合って」。文の流れから「出発前に」と訳してみた。ちなみにon timeは「時間通りに」という意味。Whew!は「やれやれ！」という感じの言葉で、ほっとした時によく使われる。余談だが、アメリカでは「航空引換券」はない。直接航空券が送られてくるか、e-ticketと呼ばれる電子航空券を利用するかのどちらかが主流。e-ticketの場合は、空港のカウンターで確認番号を言えば、搭乗券がもらえる。

have a feeling（that）＋文で、「〜という予感がする」。turn off〜は「〜のスイッチを切る」、「〜のスイッチを入れる」ならturn on〜。electric heaterは「電気ストーブ」のこと。「ガスストーブ」はgas heater、「石油ストーブ」はkerosene heater。英語のstoveは「料理用のコンロ」を意味することが多い。forget to＋動詞の原形で「〜し忘れる」。過去に起きた2つの出来事を1つの文で表す場合、古い方の出来事を過去完了形にする。ここでは「出かける」前に「消し忘れる」という事実が存在するので、後者が過去完了形になる。double-checkは「再確認する」という動詞。「消した気がするけれど定かではない」という思いから、double-checkになっているが、単に「確認する」という場合はcheckだけで良い。I was right.は「私は正しかった」。ここでは、「やっぱり」という訳にしてある。「ついていた」は簡単にonで表せる。「消えていた」ならoff。sighは「ため息」で［サィ］と発音。heave a sigh of reliefで「やれやれと胸をなでおろす」という熟語。

● 一応の独り立ち

一番下の息子が今日、高校を卒業した。これでやっと子供たちが皆独立し、これからは教育費の心配もしなくて済む。やっと肩の荷がおりた気分だ。

My youngest son graduated from high school today. All my children are finally on their own now, and I no longer need to worry about educational expenses for them. That takes a load off my shoulders.

● 術後の知らせ

ピピが術後、順調に回復していることを、ペギーから聞いた。体を起こすこともできるし、少しなら廊下を行ったり来たりすることもできるらしい。そして明日には退院するそうだ。それを聞いて安心した。

Peggy told me that Pipi came out of his surgery and is recovering quickly. He was able to sit up, and even took short walks up and down the hallway. He gets out of the hospital tomorrow! I was relieved to hear that.

年齢的な「一番下の」は「若い」の最上級、youngest で表せる。「卒業する」は graduate。具体的に述べる場合は、graduate from＋学校名、または graduate in＋専攻科目となる。on ～'s own は「独立して、他人の力を借りないで、自分の責任で」という意味の熟語。目上、年上の人に You're on your own!と言われたら「さぁ、これからは自分の力で頑張りなさい」というような意味。使いづらい熟語かもしれないが、感覚で慣れるようにしよう。no longer は「これ以上～しない、もはや～でない」という意味で、一般動詞の前、または be 動詞の後に置く。not ... any longer という形をとることもある。（例：「彼はもうここには住んでいない。」—He no longer lives here./He doesn't live here any longer.）educational expenses は「教育費」のこと。ちなみに「学費」は school expenses、「生活費」は living expenses。load は「重荷」。take a load off ～'s shoulders で「肩の荷がおりる」。これは、お金の負担や仕事の責任などが軽くなる場合に用いる。心理的、精神的に楽になるという意味での「肩の荷がおりる」は、take a load off ～'s mind になる。

Peggy told me は「ペギーが私に言った」だが、「ペギーから聞いた」や「ペギーから聞かされた」としても良い。surgery は「手術」、特に「外科手術」を指す数えられない名詞。operation も「手術」の意味だが、こちらは数えられる名詞。余談だが、病院で見かける「手術中」の掲示は Operation in Progress。sit up は、寝ている状態から座った状態まで「体を起こす」こと。stand up は座っている状態から立ち上がった状態まで「体を起こす」こと。ちなみに「腹筋運動」は sit-ups という。took の前の even は「～でさえ」という強調語。take short walks は「少し歩く」という意味で、take a few steps と置き換えることも可能。この walk は名詞。up and down には、「上がったり下がったり」のほかに、「行ったり来たり」や「あちこちと」という意味もある。hallway は「廊下」のこと。hall だけでも良い。get out of the hospital で「退院する」。relieved to＋動詞の原形で「～して安心する、～してほっとする」という意味。

● 娘の就職が決まる

娘が出版社に就職が決まり、4月から働き始めることになった。これでやっとあの子が自立してやっていくことを嬉しく思う。仕事や新しい環境に慣れるまでしばらくかかるだろうし、彼女自身、最初は大変だと思うかもしれないが、頑張って続けてくれることを願っている。

My daughter got a job with a publishing company, and starts working in April. I'm glad that she's finally going to be independent. I know that it'll take a while for her to get used to the job and the new environment. She may find it hard at first but I hope she'll stick with it.

● 9百円で済む

携帯を落として壊してしまった。今月は金欠で、買い換えるのにまた1万円払わないといけないのかぁ…と、いい気はしなかったが、店の人に9百円で直せると言われた。えーっ、9百円？ ただみたいなものだなと、得した気分だった。

I dropped my cell phone and broke it. I'm broke this month and I was unhappy that I might have to pay another 10,000 yen for a replacement. But the man said it would cost only 900 yen to have it fixed. Wow, 900 yen is nothing. I feel like I saved a lot of money.

get a job で「仕事を得る」。「職を持っている」は have a job。「明日は仕事がある」という場合は、I have to work tomorrow. で、I have a job tomorrow. では不自然。「出版社」は publishing company。「4月から始まる」は、start from April としがちだが、「4月に始まる」と考えて start in April とする方がふさわしい。independent は「自立した、独立した、一人立ちの」という意味の形容詞。3文目の I know (that)＋文. は、「～ということは分かる」という意味で、人の気持ちや状況が理解できる時に使う。take＋時間(＋for 人)＋to＋動詞の原形で「(人が) ～するのに…かかる」という意味で、常に it が主語になる。get used to～は「～に慣れる」、environment は「環境」。find it hard で「それを大変だと思う」。stick with it は、困難にあってもあきらめないで続ける、という意味での「頑張る」。stick it out という言い方もある。

drop は「～を落とす」、break は「～を壊す」という動詞。2文目の broke はスラングで「金欠の、破産した」という形容詞。low on money と置き換えることができる。might have to＋動詞の原形で「～しなくてはならなくなるかもしれない」。another は、「別の、もうひとつの」という意味。another 10,000 yen というように数詞とともに用いると、「さらに1万円」という感じになる。another は単数名詞に使うので、複数の数字が続く場合は、これをひとまとめにして単数扱いしてあると考える。replacement は「取り替え」。the man said の the man は状況から「お店の男性」を指していることが分かる。cost は「(お金)がかかる」。「(時間)がかかる」場合は take。いずれも主語が it になる。have it fixed で「それを直してもらう」。have＋物＋過去分詞形で「物を～してもらう[～させる]」という使役動詞。ここでの nothing は「何もない」、つまり「ただみたいなもの」という意味。「得した気分」は、「たくさんお金を節約した気分」と表現すれば通じる。ただし、どんな場合の「得する」にも使えるわけではない。売買などによる金銭的な利益から「得をした」場合は made a profit、単に運が良くて「得をした」のなら was[were] lucky となる。

第12章 安心・ほっとしたことを日記に書く

● 異常なし

数週間前に受けた健康診断の結果を聞きに、病院へ行った。「何の異常もありませんでしたよ。」と先生がおっしゃった。そう言われるだろうとは思っていたけど、実際にそう聞いてとても安心した。

I went to see the doctor to get the results of the physical check-up I had a few weeks ago. He said I passed it with flying colors. I expected that he would say that, but when I actually heard it, I felt reassured.

● 一人でキャンプに参加

息子が3日間のバスケットボール・キャンプに行った。8歳の子が一人で参加するのは早すぎるかもしれないとは思ったが、行かせてあげることにした。そして今日、「楽しかったよ」と言いながら無事に帰ってきた。キャンプに参加させて良かったと思った。

My son went to a basketball camp for three days. I thought it might be too early for an 8-year-old to go to camp all by himself, but I decided to let him. And today, he came home safe and sound, saying he had had a good time. I'm glad I let him go.

see the [a] doctor は「医者に診てもらう」。本文のように、結果を聞きに行っただけで、実際に診察してもらっていなくても使えるので、「病院へ行った」という訳にしてある。go to the hospital は文字通り「病院へ行く」だが、「入院する」という意味になったり、場合によっては病院という建物が強調されることがあるので、「医者に診てもらう」意味で病院へ行く場合は、see the [a] doctor が良い。かかりつけの医者なら see ～'s doctor。get the results は「結果を聞く」、physical check-up は「健康診断」。He said の後に接続詞の that が省略されている。I passed it with flying colors. は「それを大成功で合格した」が直訳。「何の異常もなかった」という意味の、ちょっと大げさな表現。with flying colors は「大成功で」という意味で、テストなどがうまくいった時に使われる。expect は「予期する、期待する」という意味。「～するだろうと思う」と訳せば口語らしくなる。expected の後ろの that は接続詞で省略可能。say の後ろの that は「それ」という意味の代名詞で、省略できない。最後の reassured は「安心した、再び自信を持った」という意味の形容詞。

go to a camp で「(スポーツの)キャンプに行く」。go camping だと「(テントを張る)キャンプに行く」となる。too+形容詞+(for 人)+to+動詞の原形で「(人にとって)動詞するのは形容詞すぎる」という意味。an 8-year-old のように語句をハイフンでつなぐと、「8歳の」という形容詞ができる。この時、year に複数形の s は付かない。ここでは後ろに boy が省略されている。8 は数字だと分かりにくいが、eight と母音で始まっているので、a ではなく an が付く。by ～self で「1人で」。前に付いている all は「たった1人で」というような強調形。let him の後ろに go が省略されている。safe and sound は「ケガやトラブルもなく安全に」という決まり文句。「無事に」という訳で十分だろう。この saying は「言いながら」。一般動詞を含んだ文に～ing 形を続けると、「～しながら」という意味になる。have a good time で「楽しい時を過ごす」。have a great time や have fun でも良い。... he had had a good time. の最初の had は、過去完了形で使う助動詞の had、2つ目の had は have の過去分詞形の had。最後の I let him go. は、「彼を行かせた」が直訳だが、日本語訳は「キャンプに参加させた」と具体的に表現してみた。

● おかえりーって感じ

妊娠したかもってずっと心配していたけど、今日やっと生理が来た。3週間遅れだった。「おかえりー。会いたかったわ！」っていう感じ。とにかくとても安心した。こんな不安な気持ちは二度と味わいたくない。「ゴムなしではやらない。」って彼に言わないと！

I was very worried that I might be pregnant, but my period finally started today. It was three weeks late. It was like, "Finally you're back. I've missed you." Anyway, I was sooooo relieved. I don't want to experience this uneasy feeling again. I MUST tell him that we can't do it without a raincoat.

● 思ったより元気そう

瞳美さん、奈津恵ちゃん、佳子さん、泰湖さんと一緒に静香さんのお見舞いに行った。子宮内膜炎の手術による痛みで辛そうかなぁと心配していたけど、思っていた以上に元気そうだった。いっぱい話をしたので、たぶん同じ部屋の患者さんは、私たちのことをうるさいと思ったんだろうなぁ。とにかく、元気そうで何よりだった。

Hitomi, Natsue, Yoshiko, Yasuko and I went to the hospital to see Shizuka. We were wondering if she was still in great pain from her operation for endometritis, but she seemed much better than we expected. We talked a lot. Maybe the lady who shared the room with her thought we were too noisy. Anyway, we were so glad that she is well now.

pregnant は「妊娠した」という形容詞。名詞は pregnancy。period は「生理」、finally は「やっと」。late は「遅れた」という形容詞。It was like 〜.で、「〜って感じだった」というカジュアルな表現。you're back は「戻って来た」、I've missed you.は「あなたがいなくて寂しかった」、つまり「会いたかった」という意味。遅れていた生理がやっと来た嬉しさを擬人的に表している。I was so relieved.の so は会話だと強調される部分。これを文面上では sooooo と表してある。日本語の「すごーく」という感覚に似ている。experience は「〜を経験する」、uneasy feeling は「不安な気持ち、いても立ってもいられない気持ち」。must は have to よりもかなり強い「〜しなければならない」という意味。must だけでも意味が強いのに、これをすべて大文字にすることで、さらに「絶対に、何が何でも」という気持ちを込めている。ここでの him は boyfriend を指す。日記は自分が分かれば良いので him でも良いが、他人が読む場合はいきなり him とあっても誰のことかが分からない。したがって、名前や my boyfriend と具体的に表す必要がある。do it は have sex をえん曲的に表したもの。日本語の「やる」と同じニュアンス。make love でも良い。raincoat はスラングで「コンドーム」のこと。一般的には rubber や condom と言う。

go to the hospital to see 人で「〜のお見舞いに病院へ行く」という意味。人の部分に the doctor がくると「医者に診てもらう」の意味になる。in pain で「痛みを感じて、苦しんで」。great が入ると「かなりの」と強調される。operation for endometritis で「子宮内膜炎の手術」。much better than we expected は「私たちが予想していた以上に元気」という意味。この better は well-better-best の比較級で、「元気な」という健康状態を表す形容詞。much は比較級をさらに強める働き。the lady who shared the room with her は「彼女（＝Shizuka）と部屋を共有している女性」。本文では「同じ部屋の患者さん」と訳してある。「患者」は patient だが、ここでこの言葉を使うのは、直接的で冷たい感じがする。文中の who は関係代名詞。後ろから前にかかるように訳していく。noisy は「うるさい」という形容詞。loud でも良い。Anyway は「とにかく」という意味で、少し逸れてしまった話を元に戻す時や、話題を変える時などに使われるカジュアルな言葉。Anyhow でも良い。誤用ではあるが、若者の間では Anyways と言うこともある。最後の文は「彼女が今は元気で、本当に良かった」というのが直訳だが、「元気そうで何よりだった」と訳してみた。

第12章 安心・ほっとしたことを日記に書く

第13章　ムカッとしたこと・イライラしたことを日記に書く

● ドンチャン騒ぎ
近所の大学生がまた、ドンチャン騒ぎをしている。うるさくて寝れやしない。
The college kids in the neighborhood are having a binge again! They are too noisy and we can't sleep.

● 近所の犬
ここのところ、近所の犬がうるさい。おなかが空いては吠え、散歩に行きたくては吠え、理由がなくても吠える。ほんと、イライラする。
My neighbor's dog's been annoying. He barks for food, for a walk, and for no reason at all. He drives me nuts.

● 広告メール
今日、3件メールが来たと思ったら、全部、広告メールだった。あぁいうくだらないメールは、送って来なければいいのに！
I got 3 e-mails today but they were all spam mail. I wish they wouldn't send me that junk.

● ATMの故障
ATMでお金をおろしに銀行へ行ったが、「故障中」と書かれていて、引き出せなかった。すっごくムカついた。
I went to my bank to get some money from the ATM, but it said Out of Order, and I couldn't get any money. I was pissed off!

「大学生」は college students だが、ここでは大学生よりももっと年上の大人が、大学生を子供扱いして、college kids と言っている。kid とは「子供、ガキ」の意味。neighborhood は「近所(の地域)」のこと。binge は「ドンチャン騒ぎ」という意味で、飲んでばかりいるようなパーティを指す。noisy は「うるさい、やかましい」という意味。We can't sleep. のほか、We can't go to sleep. や We can't get any sleep. などでも良い。

neighbor's の's は「近所の」という所有を表す。dog's の's は dog has の短縮形で、継続を表す現在完了。よって「ここのところ」という訳が入っている。annoying は「うるさい、わずらわしい、迷惑な」という意味の形容詞。bark は「吠える」で、ここでの for は「〜を求めて」という意味。drive 人 nuts は「〜をイライラさせる、〜を怒らせる」という熟語。nuts の代わりに crazy も使える。

本来 e-mail は数えられない名詞だが、口語では数えられる名詞として用いることもある。spam mail は「広告メール」のこと。会社などから不特定多数に送られてくる、宣伝や広告しか載っていないメールを指す。I wish＋過去形の文. で「〜だったらいいのに」という、現在の非現実的な願いを述べている。最後の junk は「くだらないもの」という意味で、spam mail を指している。あまりきれいな語ではないが、crap と言うこともできる。

「お金をおろす」は get some money で良い。銀行へ行ったという言葉から理解できる。withdraw も可能。ATM は automatic teller machine の略で、「現金自動預け払い機」のこと。Out of Order は「故障中」。紙にこう書いて貼ってあるのを見かける。pissed off は「ムカついた」にピッタリの英語だが、下品な言葉なので、特に女性はあまり使わない方が良い。「ムカつく」というニュアンスは出せないが、angry なら問題ない。

● ハンマーで殴りたい気分

また、コンピュータが壊れた。買って1年しか経っていないのに、どうしてこんなによく壊れるのか分からない。なんて役立たずなんだ！ハンマーで殴りたい気分だった。

My computer crashed on me again! It's only one year old and I don't know why it crashes so often. How useless! I felt like hitting it with a hammer!

● 駅でイチャイチャ

若いカップルが駅の改札口でイチャイチャしていた。見せびらかしているようだったが、別に誰も気にとめていなかった。公共の場であぁいうことをするのはどうかなぁと思う。

A young couple was necking at the ticket gate in the station. They looked like they were trying to show off, but no one seemed to care. I don't like P.D.A.

● きつい香水のにおい

今日、電車に香水がきつい女の人がいて、においが車両全体に充満していた。みんな息を止めて鼻をつまんでいた。我慢できなかった。

A woman on the train today was wearing too much perfume. The whole car was filled with the smell. All the people in the car were holding their breath and plugging their noses. I couldn't stand it.

● こき使わないで

今の仕事には本当にイライラする。ずっと一生懸命働いているのに、いまだに昇給なし。おまけに、こき使われっぱなしで嫌になる。別の仕事を探し始めようかなぁ。

My job is driving me up the wall. I've been working hard, but no raise in salary still. Everyone keeps pushing me around. I hate that! I guess I should start looking for a new job.

crash は「(コンピュータなどが)壊れる、作動停止する」という意味。「(画面が)固まる」という意味の freeze でも良い。また、スラング的だが、conk out や puke も使える。on me は「僕に対して」というようなニュアンスで、自分に不便や困難などが生じて何らかの影響があった場合に用いられる口語表現。なくても良い。one year old は、人に対して言えば「1歳」だが、物なら「1年落ち、買って1年」、建物なら「築1年」、会社などなら「創立1年」など、意味の幅が広い言葉。useless は「役に立たない」という意味。

neck は「キスしたり、抱き合ったりする」という動詞。人前ですれば「イチャイチャする」という訳がピッタリ。ticket gate は「改札口」。駅という状況がはっきりしていれば gate だけでも良い。show off は「見せびらかす」という意味。no one は「誰も〜ない」といった否定の意味を持つ主語。nobody も同じ。care は「気にする、気にかける」という意味。P.D.A. とは、「公共の場でキスしたり、抱き合ったりする愛情表現」のこと。public display of affection の略。日本語は遠回しに訳してみた。

「香水をつける」の「つける」は wear で良い。身に着けるものには、たいてい wear という動詞が使える。2文目、3文目の car は「車両」のこと。名詞の前にある the whole は「〜全体」という意味。「車両で、車両の」は in the car。be 動詞＋filled with 〜で「〜でいっぱいになる」。ここでは「充満する」という訳。hold 〜's breath は「息を止める」、plug 〜's nose は「鼻をつまむ」。can't stand it は「我慢できない」という意味の熟語。

drive 人 up the wall は「〜をイライラさせる、〜の気を狂わす」という意味の熟語。この raise は「増加、値上げ」で、後ろに in salary があることから「昇給」だと分かる。no raise の前に there is が省略。still は but のすぐ後に持ってきても良い。keep 〜ing で「〜し続ける」。push 人 around は、「〜をこき使う」。boss 人 around も可能。I guess I should＋動詞の原形．で「〜した方が良さそうだ、〜してみようかなぁ」という意味。look for 〜は「〜を探す」。

● スピード違反？？

最悪な１日！ 今日、ほんの少し制限速度を超えていただけなのに、スピード違反で切符を切られた。のろのろ運転の車を追い越そうと思って抜かした瞬間、15キロオーバーで警察に止められた。ばかばかしい！あの警察、他にやることないのかよー。

Bad Day! I got a ticket for speeding. I was barely going over the limit. I had to pass this guy because he was too slow. When I went to pass him, the cop pulled me over for going only 15 kilometers over the limit. Ridiculous! Doesn't he have better things to do?

● もっと早く連絡してよ

もうすぐ夕食ができあがるという時に電話が鳴った。旦那からだった。「帰宅が遅くなるから夕食はいらない」、そう言われて「分かった」とは答えたものの、腹立たしかった。もっと早く連絡してくれたらいいのに！そうすれば、あんなにたくさんおかずを作らなくて済んだんだから…。時間も食べ物も無駄になっちゃったじゃないの！

When dinner was almost ready, the phone rang. It was my husband. He said he didn't need dinner because he was going to come home late. I said OK but I was upset. I wish he had called earlier! If he had, I wouldn't have prepared so many dishes. He wasted my time and the food!

ticket for speeding で「スピード違反の切符」。I got「私は受け取った」となっているが、文脈から「切られた」とするのが自然。barely は「わずかに、かろうじて」という意味。go over the limit で「制限速度を超える」、pass は「〜を追い越す」。英語は this guy と言って、自分の前を運転していた男性を指しているが、日本語ではその男性が運転していた「車」に焦点を当てている。cop は「警察官」で、police officer のこと。pull 人 over は「〜に車を脇に止めさせる」。ridiculous は「ばかばかしい、おかしい」といった意味で、物事に対して使うのが一般的。Doesn't he have で「持ってないわけ？」、better things to do は「するためのもっといい事」、この2つを組み合わせれば、「他にやることないのかよー」という、あきれた気持ちを表現できる。

almost ready で「もうすぐ準備ができる」。「電話」は phone、telephone のどちらでも良い。He said の後に接続詞の that が省略され、didn't need ...の didn't と was going to ...の was は said に時制を一致させてある。upset は「腹立たしい、怒っている、がっかりな、残念な」など、意味の幅が広い。put out も使える。I wish＋過去完了の文.は、「〜してくれていたらなぁ」という、過去に起こらなかったことに対する願望、後悔を表す。If he had の後ろに called earlier が省略されているが、「もし、もっと早くに電話してくれていたら」という仮定をし、I wouldn't have prepared so many dishes.「あんなにたくさんのおかずを作らなかったのに」と、その仮定に対する予想を述べている。最後の文の waste は「〜を無駄にする」という動詞。

第13章 ムカッとしたこと・イライラしたことを日記に書く

● 納得いかない高速料金

高速で事故による渋滞につかまった。急いでいたから高速に乗ったのに、下の道で行った方がよっぽど早かった。誰のせいでもないってことは分かっているけれど、渋滞に巻き込まれたあげくに高速代を払うのは、納得いかなかった。

I got caught in a traffic jam on the Expressway due to an accident. I had been in a hurry, so I got on the Expressway. But it would've been much faster to take local roads. I know it was nobody's fault but I was unhappy to pay the toll after getting caught in congestion.

● 主張、認められず

午後は最悪だった。会社でお客様のクレームに関する長い会議があり、問題の責任は僕にあると言われたのだ。弁明してみたが誰も聞き入れてはくれなかった。実際、会議そのものが完全に時間の無駄だったと思う。誰か1人ぐらい分かってくれる人がいるだろうと願っていたのだが、本当にがっかりだった。

This afternoon was really awful. We had a really long meeting at the office regarding the claims we got from our customers. They said the problems were my fault. I tried to explain myself but they didn't listen to me. Actually, it was a complete waste of time. I guess I was so hurt because I was hoping that someone would understand me.

get caught で「つかまる」という意味。traffic jam は口語で「交通渋滞」。traffic congestion も同じだが、こちらの方が改まった語。traffic はなくても良い。jam は数えられる名詞だが、congestion は数えられない名詞。due to〜は「〜のために」という理由を表す。because of 〜と置き換え可能。in a hurry は「急いで」。ここで言う local roads は「（高速に対して）下の道」という意味。it would've been much faster to take local roads は、「下の道で行った方が、もっと早かっただろうに」。過去にしなかったことを仮にしていたら、という仮定の文。この much は faster という比較級をさらに強める働き。it was nobody's fault は「それは誰のせいでもない」という意味。nobody 自体が否定語になっている。ここでの unhappy は「嬉しくない」というより、「納得できない」というニュアンス。toll は「通行料、使用料」。after getting caught in congestion は「渋滞に巻き込まれた後で」、これで「渋滞に巻き込まれたあげくに」という感じ。

awful は「ひどい、不愉快な、とんでもない、恐ろしい」など、意味の幅が広い。regarding は「〜に関して」という意味の前置詞。「〜について」を表す about にしても良い。the claims の後ろに関係代名詞の that や which が省略されている。全体で「お客様からのクレーム」。They said の They は上司など、会議に出席していた人を指す。この後、接続詞の that が省略。fault は「責任、過失」、explain〜self は「弁明する」、listen to＋人で「〜の言うことを聞こうとする」。actually は「実際」、complete は「完全な、まったくの」、waste of time は「時間の無駄」という意味。基本的に、waste は数えられない名詞扱いだが a を伴うこともある。ここでの hurt は、「がっかりな、腹立たしい、傷ついた」という意味。someone は「誰か」のことで、somebody でも良い。強調するために「誰か１人ぐらい」と訳してみた。

歩きタバコはやめて欲しい

繁華街を歩いている時に、前にいた男の人がタバコをポンポンと払ったので火の粉が飛んできて、セーターに穴をあけられた。お気に入りのセーターだったのに…。彼の所へ駆け寄って弁償するように言いたい気持ちは山々だったけど、ヤクザみたいな人だったので何を言われるか怖かった。すごくムカついたけど、余計なトラブルに巻き込まれるようなことはしない方がいいと思ってやめた。

While I was walking downtown today, the man in front of me tapped his cigarette, and a spark hit my sweater and made a hole in it. It's my favorite sweater, and I felt like running up to him and asking him to pay for it, but I was too scared of what he might say. He looked like a yakuza. I was really teed off but I thought I'd better not ask for trouble.

サービス残業

まだリストラされていないかわりに、毎日残業しっぱなし。しかもサービス残業！会社側としては、解雇すると解職手当を払わなくちゃならないから、希望退職して欲しいんでしょ。こうやって人員削減していこうっていうやり方なんだろうけど…。卑怯よ！

I haven't gotten laid off yet but I always end up working overtime, which I won't get extra pay for. They don't want to make lay offs; they want us to quit of our own free will because they want to save severance pay! That's probably their way of cutting down on their employees. Very sneaky!

downtownは「繁華街、商業地区、市の中心部」のことで、「下町」ではない。tapは「〜を軽く打つ」という意味の動詞。sparkは「火の粉」、ここでのhitは「〜に飛ぶ、〜に当たる」。make a holeで「穴をあける」。feel like 〜ingで「〜したい気分」。run up to himは「彼のところへ駆け寄る」、ask 人 to 動詞の原形で「人に〜するよう求める」。scaredは「怖がって」という形容詞で、主語は人になる。これをtooで強調し、後ろにof＋名詞（句）を持ってきて、具体的に怖がっている内容を表している。look like＋名詞で「〜みたいに見える」。teed offは「ムカついた、かなり怒った」という意味。ticked offやpissed offでも良いが、後者は下品な響き。I thought I'd better not＋動詞の原形.で、「〜しない方が良いと思った」。notがbetterの後ろに位置していることに注意。ask for troubleは「余計なことをして［言って］、面倒なことに巻き込まれる」という意味の熟語。

lay off 〜は「（仕事がない時に）〜を一時的に解雇する」という意味。ここでは、getを使った「解雇される、リストラされる」という受け身。それを現在完了の否定形＋yetで表しているところから、「いずれリストラされるだろうが、今はまだされていない」という状況であることが推測できる。..., which I won't get extra pay forは、情報を付け足す時の関係代名詞。「その［残業の］割り増し分は払ってもらえないだろう」だが、簡単に「しかもサービス残業」と訳してみた。They don't want to make lay offs.のTheyは「会社側」を指す。この文ではlay offを名詞として用い、「解雇する」をmake lay offsで表現。they want us to quit of our own free willは、want 人 to＋動詞の原形「人に〜してもらいたい」を利用し、「会社側は私たちに自発的に辞めてもらいたい」と表現。ここでは単に、「希望退職して欲しい」という訳にしてみた。of 〜's own free willは「自発的に、自由意志で」という熟語。willには「意志」という意味があることも覚えておこう。because they want to save severance payは「なぜなら解職手当を節約したいから」。理由を先に述べる日本語の特徴から、本文では、この訳を前に持ってきてある。That's probably their wayは「それがきっと彼らのやり方だろう」。way of 〜ingという形をとることが多い。cut down (on) 〜は「〜を削減する、〜を減らす」、employeeは「従業員」。ちなみに「雇用者」はemployer。sneakyは「卑怯な、汚い」という意味の形容詞。文頭にThey areが省略されている。

第13章 ムカッとしたこと・イライラしたことを日記に書く

● 二度とあのタクシーに乗るもんか

駅までタクシーを利用したが、嫌な感じだった。運転手は無愛想で、おまけに運転が雑。お金を払ってもお礼の一言さえない。もう、何だよ、あの態度！タクシーを降りてすぐに、会社名とナンバーを控えておいた。あの会社のタクシーには二度と乗るもんか！

I took a taxi to the station but the ride wasn't fun! The driver was real unfriendly and his driving was terrible. He didn't even say thanks when I paid him. Gosh, what's wrong with him? As soon as I got out of the car, I wrote down the company name and the license plate number. I'm NOT going to take their taxi any more!

● 私に八つ当たりしないでよ

最近、夫の機嫌が悪いので何があったのか聞いてみたけど、「話す気分ではない。」と言われた。別にそれならそれで構わない。でも私に対する話し方はとげとげしいし、目の前でよくドアをバタンと閉める、それは本当に嫌だ。何があったのか知らないけど、話したくないって言うんなら、八つ当たりしないでよっ！

My husband's been in a bad mood lately. I asked him what happened but he said he didn't feel like telling me, which is totally fine with me. But he talks to me really harshly and often slams the door in my face, which bothers me a lot! I don't know what happened, but if he doesn't want to tell me, he shouldn't take it out on me!

take a taxi で「タクシーを利用する」。この ride は名詞で「乗ること、乗り心地」といった意味。not fun は「楽しくない」というのが直訳だが、実際はもっと幅広い意味で使われる。ここでは「嫌な感じ」と訳してみた。2文目の real は、unfriendly という形容詞を修飾しているので really となるべきだが、口語ではスラング的に real をよく使う。unfriendly は「無愛想な」、反対語は friendly で「気さくな、話しかけやすい」。terrible は「ひどい」だが、「雑な、荒い」と訳してある。didn't even say thanks は「お礼さえも言わない」という意味。Gosh は「もうっ」「えっ」など、あきれた時や驚いた時に使う言葉。What's wrong with 人? は、「〜はどうかしたの？」という意味だが、「何だよ、あの態度！」や「何があったか知らないけどさぁ」という苛立ちの表現としても使われる。as soon as+文で「〜するとすぐに、〜するや否や」、get out of 〜は「（車やタクシー）を降りる」、write down 〜は「〜を書き留める」。I'm NOT going to+動詞の原形.で、「絶対に〜するものか」という強い意志を表す。会話では NOT を強く言う。小文字で not と表せば、「〜するつもり[予定]はない」という軽い響き。not ... any more で「もう〜しない」だが、ここでは「二度と〜しない」という訳で、不快な気持ちをあらわにしてみた。

husband's は husband has の短縮形。been という過去分詞形がきて、ある状態が続いていることを表している。in a bad mood は「不機嫌で」。bad を good にすると「上機嫌で」、depressed なら「ふさぎこんで」となる。ちなみに moody は「不機嫌で」という意味で、「ムードの良い」というのは誤訳。I asked him what happened.は「何があったのか彼に尋ねた」で、文法的には what had happened が正しいが、くだけた用法では単純過去のままでも良い。feel like 〜ing で「〜したい気分」。..., which is totally fine with me.は付け足しの関係代名詞。「話す気分ではない」と言われたことに対して、「別にそれならそれで構わない」と言っている。totally は「まったく」という強調語。harshly は「とげとげしく、荒く」という副詞。slam は「（戸など）をバタンと閉める」、in 〜's face は「〜の面前で」という意味で、特に無礼な行為を表す動詞とともに用いられる。..., which bothers me a lot! も付け足しの関係代名詞。「ドアをバタンと閉める」行為について、「それは本当に嫌だ」と不快な気持ちを訴えている。take it out on+人は「〜に八つ当たりする」という決まり文句。

第14章　グチを言いたくなることを日記に書く

● 請求書の山

たまっていた請求書の支払いを済ませた。こういう日は嫌いだ。一生お金がたまらない気がする。早く給料日が来ないかなぁ。

I took care of all the bills that had piled up. I hate days like this. Feels like I can never save money. I hope payday comes soon.

● 最悪の髪型

この髪型、最悪！鏡に映った自分の姿を見ると隠れたくなる。あの美容師に髪を台無しにされた。

I hate my haircut. Every time I see my reflection in a mirror, I feel like hiding. That hairdresser really ruined my hair.

● 給料が低いか、労働条件が悪いか

ずっと就職先を探しているが、自分のいいと思う仕事がなかなか見つからない。給料が良ければ労働条件があまり良くないし、労働条件が良ければ給料が良くない。

I've been looking for a job but it's really hard to find one I want. When the pay is good, the working conditions aren't so good, and vice versa.

● 保険って何でこんなに高いの！

今日、車の保険代を払った。昨年よりわずかに安くなっていたものの、それでもまだ私には高すぎる。

I paid the automobile insurance premium today. It was slightly less expensive than last year's, but still, it was too expensive for me.

take care of ～は「～の処理をする、～の世話をする、～の面倒をみる、～を大事にする」など、実に意味の多い熟語。bill は「請求書」、続く that は省略できない関係代名詞。had piled up で「たまっていた」という過去完了。「支払いを済ます」より前に「請求書がたまっていた」ので、後者が had + 過去分詞形で表されている。Feels の前に It が、like の後ろに that が省略されている。never のニュアンスは「一生」という言葉で表してみた。payday は「給料日」のこと。

ここでの haircut は「髪型」の意味。特に、カットしてもらった後の髪型を指す。hairstyle や hairdo「女性の髪型」と置き換えることも可能。every time + 文で「～する度に」。when にしても良い。reflection は「映った姿、影」、mirror は「鏡」。feel like ～ing で「～したい気分」。hide は「隠れる」。hairdresser は「美容師」。ちなみに barber は「理髪師、床屋」、beautician は「髪やスキンケアなど、美容全般に携（たずさ）わる人」。ruin は「～を台無しにする、～を駄目にする」という意味。最後の文の日本語は、受け身的な訳にしてある。

look for ～で「～を探す」。この one は job を指している。one の後ろには関係代名詞の that が省略。one I want で「自分の希望する仕事」という意味。この pay は「給料、賃金」の意味の名詞。working conditions は「労働条件」。vice versa は、すぐ前に述べたことについて、「その逆も当てはまる」という時に使う。次のようにも使われる。I don't like him, and vice versa.「私は彼のことが好きではない。彼も私のことが好きではない。」

automobile insurance は「自動車保険」。car insurance でも良い。premium は「保険料（1回分の支払い金額）」のこと。slightly は「わずかに、ほんの少し」。less は more の反対語。日本語は「昨年より」となっているが、正しくは「昨年の保険料より」。よって、than last year's になる。後ろに premium が省略されている。ついでに、「生命保険」は life insurance、「火災保険」は fire insurance、「健康保険」は health insurance、「失業保険・雇用保険」は unemployment insurance も覚えておくと良い。また、casualty insurance「災害保険」や accident insurance「傷害保険」もあるが、これらは、内容の幅が広いので、状況によっては細かく表す必要がある。

第14章 グチを言いたくなることを日記に書く

● 仕方がないか

やっと仕事が見つかった。給料には満足していないけど、仕方がない。この仕事を見つけるのに 4 ヶ月もかかったし、それに就職口だってそれほどあるわけではない。これが現実だと認めるしかないか。

I finally got a job. I'm not really happy with the pay, but what can I say? It took me 4 months to find it. Besides, there aren't many job openings out there. I guess I have to face reality.

● 恋愛ものはどれも同じ

彼女が映画に行こうと言うので付き合った。女の子向けの恋愛もので、僕にはとてもつまらなかった。恋愛ものってどれも同じなんだよなぁ。

My girlfriend asked me to go to the movies with her, so I did. It was a chick flick about love and a complete bore to me. Romance movies are all the same!

● テストばっかり

今朝、英語の小テストがあった。そして午後は歴史のテストを受け、化学の小テストが返って来た。1 日に何度も自分が判断されている、なんだかそんな感じだ。

We had a quiz in English this morning. And we took a history test and we got a chemistry quiz back this afternoon. It's like you're being judged a few times a day.

get a job で「仕事を得る」。ここでの happy は「満足した」という感じ。What can I say? は「私に何が言えるの？」→「いや、（文句など）何も言えない」という修辞疑問で、別に答えを求めているわけではない。また、言葉に詰まった時にこう言えば、「えっと、なんだっけ？」という意味にもなる。It takes 人＋時間＋to＋動詞の原形. で「人が〜するのに…かかる」。Besides は「それに、その上」、job opening は「就職口」。この face は動詞で、「(嫌なこと)に直視する」という意味。

ask 人 to＋動詞の原形で「人に〜するように頼む」。「映画に行く」は go to the movies が一般的。ただし、あえて 1 つと言いたければ a movie でも良い。日本語では「映画を見に行く」と言うが、go to see the movies とする必要はない。so I did は「だからそうした」という意味。ここでは「頼まれたから行った」わけだから、「付き合った」という訳で良いだろう。chick は「女の子」という意味で、男性が女性に対して使う。軽蔑的な響きだと取る女性もいるが、ここでは次の flick と韻をふんで用いられている。flick はスラングで「映画」のこと。complete bore は「とてもつまらないもの」という意味。big yawn「あくびが出るほどつまらないもの」と表現しても良い。

quiz は「小テスト」。pop quiz なら「抜き打ちテスト」を指す。「(テスト)がある」は have、「(テスト)を受ける」は take で表すが、どちらも同じように使って構わない。get 〜 back で「〜が返って来る」。It's like 〜. は「〜のようなものだ」という意味で、後ろに例えが続く。you're の you は世間一般の人を指すもので、特に訳す必要はない。being judged は「判断されること」という受け身の進行形。a few times a day は「1 日 2、3 回」。実際は数回だが、強調して「何度も」と訳してみた。

● 人事異動

上司に呼ばれて、来月から人事部に異動だと言われた。あそこだけは行きたくないのに…。でも上司からの命令だから、何も言えない。あぁ～、ついてないなぁ。

My boss called me to his office. He said that I will be transferred to the personnel department next month. That's the last department I want to be in. But that's an order and what can I say? Aren't I lucky!

● 門限があるのは家(うち)だけよ！

お父さんがやっと門限を8時から10時に延ばしてくれた。でも10時だってまだ早すぎるぐらい。もう子供じゃないんだから、門限なんて必要ないのに！

My dad finally gave me an OK to change my curfew from 8:00 to 10:00 p.m. But 10:00 is still too early for me. I'm not a kid any more. I don't think I need a curfew.

● きれい好きなのはありがたいけど…

妻はかなりの掃除魔だ。片付けに洗濯、掃除機やモップがけばかりしている。ありがたいけど、時々イライラする。「汚すな」とでも言われているかのようだ。

My wife is a huge cleaning freak. She's constantly picking things up, doing laundry, vacuuming, mopping, etc. I appreciate it but it annoys me occasionally. It makes me feel that I can't make a mess.

1文目は「上司が僕を彼のオフィスへ呼んだ」が直訳だが、訳は受け身にしてある。2文目は時制の一致を無視して、will になっているが、would にしても良い。be 動詞+transferred は「異動になる、転勤する」。personnel department は「人事部」。personal との違いに注意。この last は「最も〜したくない、最も〜しそうにない」という意味。the last+名詞の後は、文か to+動詞の原形が続く。ここでの order は「命令」。What can I say?は「何も言えない」という修辞疑問。最後は嬉しくない気持ちを皮肉って、Aren't I lucky?としている。Oh, lucky me!という表現も使える。英語では、こういう皮肉が多い。

gave 人 an OK は「人に承認する」で、この OK は名詞。curfew は「門限」のこと。デートなどで、What time is your curfew tonight?「今夜は何時までいいの？」とユーモアをまじえて聞くこともある。still too+形容詞は「まだ〜すぎる」。物事を変更した後でも、まだ納得いかない時に使う。early は「(時間的に)早い」。kid は child のくだけた言い方。I don't think I need a curfew.の直訳は、「門限が必要だとは思わない」。日本語は「〜ではないと思う」、英語は「〜だとは思わない」という形をとることが多い。

freak とはスラングで「狂、変人」という意味。名詞+freak の形で用いることが多く、少し変わった趣味を持つ人などに使う。ここでは huge（=very big）を「かなりの」と訳してある。constantly は「いつも、絶えず」。pick things up は「物を拾い上げる」、つまり「床や畳に落ちているものを片付ける」こと。do laundry は「洗濯をする」、vacuum は「掃除機をかける」、mop は「モップをかける」という動詞。進行形で用いて、常にそうしているという状態を強調している。appreciate は「〜をありがたく思う」、annoy は「〜をイライラさせる」という動詞。occasionally は「時々」で、sometimes との置き換えが可能。It makes me feel(that)+文.は「私を〜という気にさせる」。make a mess は「汚す」。全体で「汚せないという気にさせる」となるが、「『汚すな』とでも言われているかのようだ」と、妻の掃除に対する異常さを強調した訳にしてみた。

足がくたくた

新幹線がめちゃくちゃ混んでいて、席が空いていなかった。停車する度に「誰か降りないかなぁ」と期待していたが、誰も降りず、結局2時間半ずっと立ちっぱなしだった。もう、足がくたくた。

The bullet train was packed like crazy and had no seats available. Every time it made a stop, I was hoping that someone around me would get up and leave but no one did, so I ended up standing for the whole 2 and a half hours. Oh, my feet are killing me.

妥協しないと無理

マンションを探しに不動産屋へ行った。大きなクローゼット、セキュリティ、地下駐車場付きで南向きの部屋を探していることを伝えると、その条件を満たした物件を2、3見せてくれたが、高いなんてものじゃなかった。何が妥協できるか考えないと駄目かぁ…。

I went to the real estate office to find an apartment. I told the man that I am looking for a 1 bedroom facing south with a walk-in closet, a security system and underground parking. He showed me a few apartments that met all my requests but they were too pricey for me. I guess I'll have to think about what I could compromise on.

bullet train は「高速鉄道」。日本では「新幹線」を指す。そのまま Sinkansen としても良い。packed は「ものすごく混んだ」という意味で、very crowded と置き換え可能。like crazy は「めちゃくちゃ、すごく」という意味で、口語でよく使われる。seats available は「空いた席」。make a stop は「(電車やバスなどが)停車する」。日本語は単に「誰か降りないかなぁ」としてあるが、英語は someone around me「私の周りの誰か」が、get up and leave「立ち上がって去る」と、より具体的に表している。no one は nobody でも良い。end up ～ing で「(結局)～することになる」。時間の前に the whole を加えて「～の間ずっと」と、その時間の長さを強調している。～ be 動詞＋killing me. で「～がものすごく痛い」という意味。体の部位が主語になる。feet は「(くるぶしから下の)足」。foot はその単数形。

real estate office は「不動産屋」。apartment は「アパート」や「マンション」を指すが、ここでは提示された様々な条件から「マンション」の訳の方がふさわしい。ただし、英語の mansion は「大邸宅」の意味なので注意。look for ～は「～を探す」、アメリカで 1 bedroom といったら「1LDK」を指す。ただし日本では「1K」を指すこともある。facing south で「南向きの」、walk-in closet は「人が入れるくらい大きなクローゼット」、security system は「セキュリティ・システム」、underground parking は「地下駐車場」。security system は alarm system と言うこともある。a few apartments の後ろの that は関係代名詞で、これは省略できない。後ろから前にかかるように訳す。この meet は「(要求や条件)を満たす」という意味。requirement は「要求、必要条件」。pricey は「(値段が)高い」という形容詞。これを too でさらに強めているところから、「高いなんてものじゃない」と訳してみた。what I could compromise on は「何が妥協できるか」。

第15章　天気に関することを日記に書く

● いい天気
今日はすごくいい天気で、とても気持ちが良かった。
It was a beautiful day. It felt so nice.

● ハイキング日和
今日は暖かく、ほどよい風が吹いていた。ハイキング日和だった。
It was warm and breezy today. It was a perfect day for hiking.

● 雪で散歩は中止
今日は雪がよく降ったので、散歩に行けなかった。
It snowed very hard, so I didn't go walking today.

● 軒先のつらら
今朝、軒先につららができていた。とてもきれいだった。
There were some icicles formed on the edge of the eaves this morning. They were really pretty.

● 雨止まず
今日は1日中ずっと雨だった。止むのを待ったが止みそうになかったので、ビデオを見た。日曜日を家で過ごすなんて嫌だなぁ。
It rained all day today. I waited for it to let up but it didn't look like it would. So, I watched some videos. I hate staying home on Sundays.

天気について述べる時は、it を主語にするのが一般的。この beautiful は fine や clear と同じく、「晴れ、晴天」を指しているが、gorgeous と少々大げさに言っても良い。この so は very と同じで「とても」という意味。nice を comfortable「心地良い」と置き換えることも可能。

warm は「暖かい」、breezy は「そよ風の吹く」という意味の形容詞。「暑い」なら hot、「風が強い」なら windy にする。a perfect day for～で「～には完璧な日」、これで「～日和」や「～にはもってこいの日」が表せる。for hiking は for a hike としても良い。

この snow は「雪が降る」という動詞。hard の代わりに、heavily や a lot も使える。理由や原因を述べた後の so は「だから、したがって」。日本語は「行けなかった」となっているが、英語は「行かなかった」と表すことが多い。もちろん、I couldn't go walking today. も可能。

「つらら」は icicle。いくつかできる場合が多いので、複数形で表すのがふつう。ここでは form「形作る」を使って「できる」を表してみた。つららができる「軒先」は edge of the eaves。家のすぐ前の「軒先」なら in front of the house。形容詞としての pretty は「きれいな、かわいい」という意味。

この rain は「雨が降る」という動詞。wait for 名詞 to＋動詞の原形で「名詞が動詞するのを待つ」。この it は「雨」を指す。let up は「(雨などが) 止む」という意味。not look like は「～のようには見えない」、it would の後ろには let up が省略。日曜日はいくつかあるので、Sunday に s が付いている。on Sundays で every Sunday と同じ意味になる。

● 連日の雨

ここ5日間、ずっと雨が降っている。週間天気予報によると、少なくともあと2日は雨らしい。たまの雨なら気にならないけれど、こう毎日降ると憂鬱になる。

It's been raining for five days. According to the extended weather forecast, it'll be rainy for at least two more days. I don't mind occasional rain, but continual rain makes me feel so blue.

● じめじめして気持ち悪い

最近じめじめしていて気持ちが悪い。洗濯物もなかなか乾かないし、この時期は嫌になる。

It's been humid lately and it feels uncomfortable. The wash takes a long time to dry. I hate this time of the year.

● ふとんから出たくない

今朝はとても寒くてふとんから出たくなかった。午前中ずっと、ふとんにくるまっていられたらいいのになぁ…。

It was really cold this morning and I didn't want to get out of bed. I wish I could snuggle under the covers all morning.

最初の It's は It has の短縮形。It's been 〜ing で「ここのところずっと〜」という継続的な天気を表すことができる。このあと for＋期間で「〜間」、since＋過去の時を表す語で「〜以来」のどちらかを続けると、より具体的な期間を表せる。according to 〜は「〜によると」で、〜 says と置き換えることもできる。extended は「拡張した、延長した」。これを weather forecast「天気予報」とともに用いれば「週間天気予報」が表せる。ここでは「週間」としてあるが、例えば、「この先 3 日間」という場合もこの単語で良い。forecast の代わりに report も使える。I don't mind 〜. は「〜は気にならない、〜は別に構わない」という意味。occasional は「時々の」、continual は「頻繁の、断続的な」の意味。continuous だと「途切れない、不断の」。make 人 feel blue で「〜を憂鬱にさせる」。

It's は It has の短縮形。It's been 形容詞 lately. で「最近ずっと形容詞」という意味。humid は「じめじめした、湿度の高い」という意味の形容詞。これに暑さが加わる場合は muggy や sticky、hot and humid とする。uncomfortable は「心地悪い」、これで「気持ちが悪い」を表現。the wash は「洗濯物」のこと。「洗濯物がなかなか乾かない」は「洗濯物が乾くのに時間がかかる」と考えて、2 文目のように表した。もちろん、文字通り、The wash doesn't dry easily. とすることもできる。this time of (the) year は「1 年のうちのこの時期」というのが直訳。

「寒い、暑い」は主語を it にするのが一般的。get out of bed で「ふとんから出る」。ベッドではなくふとんで寝ている場合は、bed を futon としても良いが、慣用的に get out of bed や go to bed を使っても構わない。snuggle は「温かくて居心地の良いところにいる」という意味。snuggle up になると、意味は同じだが「誰かと一緒に」というニュアンスがある。

● 暑さで何もする気がしない

今日、外はうだるほど暑く、何もする気がしなかった。家でテレビを見たり、昼寝をしたりして、1日だらだらと過ごした。

It was boiling hot out today. It made me feel like doing nothing. I stayed home watching TV and taking naps. I had a lazy day.

● 台風

台風の接近で強風が吹いている。看板やゴミ箱など、いろいろなものがあちこちに舞っている。大きな損害にならなければいいけど…。

A typhoon is approaching and it has brought powerful winds. Sign boards, trash cans and a lot of other things are being blown around. I hope we don't have any serious damage.

● 床上浸水

大雨が洪水をもたらし、おじさんの家が浸水した。1階はめちゃくちゃで、ほとんどの家具が使い物にならなくなったらしい。今回のことで天災の恐ろしさを実感した。

The heavy rain caused a flood and my uncle's house was flooded. He said the first floor is a big mess and most of the furnishings were ruined. It made me realize how frightening natural disasters are.

boiling hot は「うだるほど暑い」で、boiling は強調語。「焼けそうに暑い」なら burning hot。hot の後ろの out は outside と同じ意味。2文目の it は「うだるほど暑い日」を指す。feel like doing nothing は「何もしたくない気分」。take a nap は「昼寝をする」。ここでは2回以上の昼寝を指して複数形になっている。スラング的な言い方に catch some Zs がある。この Z は"Zzzzzz"といういびきの音を表す。(よく漫画で見かける。) Zs を zees と書くこともある。lazy は「なまけた、だらだらした」という形容詞。

「台風」は typhoon。approach は「近づく、接近する」という動詞。powerful winds は「強風」。powerful を strong にしても良い。gale という語もある。sign board は「看板」、trash can は「ゴミ箱」。are being blown は「吹き飛ばされている」で、受け身と進行形を混ぜた形。I hope の後ろに接続詞の that が省略されている。この we は一般の人を指すものなので、「私たちは」と訳さない。serious は「重大な、深刻な」、damage は「損害、損傷」で [デアミッヂ] と発音。[ダメージ] ではない。

「大雨」は heavy rain や hard rain。「どしゃ降り」なら downpour。cause は「〜を引き起こす」、flood は名詞なら「洪水、大水」、動詞なら「〜を浸水させる」となる。He said 〜は「彼は〜と言っていた」、あるいは「彼によると〜らしい」と訳すと良い。mess は「よごれ、乱雑、ごたごた、困った状態」などの意味。most of the furnishings「ほとんどの家具や備品」が主語になっているので、were ruined「〜を駄目にされた、〜を台無しにされた」と、受け身になっているが、ここでは「使い物にならなくなった」と訳してみた。... most of the furnishings will need to be replaced、「ほとんどの物を買い換えなければならなくなる」としても良い。It made me realize は「今回のことは私に実感させた」だが、「私は実感した」という訳でも良い。natural disaster は「天災」、frightening は「恐ろしい」という意味。日本語では「天災の恐ろしさ」となっているが、英語は「天災がどんなに恐ろしいのか」となる。

● 春なのに

今日はとても肌寒く、春まっただ中だというのに息が白かった。上着を持って行くのを忘れたので、夜の野外コンサートではぶるぶる震えていた。

It was very chilly today. Even though it was the middle of spring, I could still see my breath outside. I forgot to take my jacket and shivered through the long chilly night at the open-air concert I went to.

● 大雪で会社や学校が休み

今日、約70センチもの雪が積もり、ほとんどの会社や学校が休みになった。パトカーでさえ、雪に埋もれてしまうほどだった。明日の朝起きた時に降っていなければいいけれど…。

We had almost 70 centimeters of snow today, and most businesses and schools were closed. Even some police cars got stuck. I hope it is not snowing when I wake up tomorrow morning.

● エアコンの故障

今日はひどく暑い1日だった。仕事に行く途中で車のエアコンが壊れ、会社に着いたと思ったら、ビル中のエアコンも壊れていた。1日中汗だくで、イライラしてしまった。

It was an extremely hot day. On the way to work my car's AC broke down. I got to the office and the whole building's AC didn't work either. I sweated all day and I was in a really testy mood.

chilly は「肌寒い、冷え冷えする」という意味。chill はその名詞形で「身震い」という意味。even though+文は「〜なのに」、文脈によっては「たとえ〜だとしても」。can see 〜's breath は「〜の息を見ることができる」、これで「息が白い」が表せる。forget to+動詞の原形は「〜し忘れる」。shiver は「(寒さで)ぶるぶる震える」という意味。through は「〜中」、the long chilly night は「長くて冷え冷えする夜」、at the open-air concert I went to は「私が行った野外コンサートで」という意味。concert の後ろに関係代名詞の that が省略されている。日本語では I went to を訳さなくても良い。

英文には「積もる」に当たる単語は含まれていないが、We had almost 70 centimeters of snow. で、「積もる」が表せる。almost は「大体、ほぼ」の意味で、ここでは「約」としてあるが、厳密には 70 センチには達しない数を指す。about も「約、およそ」だが、こちらはその数の前後を指す。most は「たいていの」という意味。ここでの business は「商売、企業、店舗」などの意味。were closed で「休みになった」ということ。2 文目の even は「〜でさえ」、police car は「パトカー」、get stuck は「雪に埋もれて動けなくなる」。I hope の後ろには接続詞の that が省略されている。

extremely は「極度に」だが、口語では「とても、ひどく」という意味で使われる。on the way to+場所で「〜へ行く途中」を表す。AC は「エアコン」のこと。air conditioner または air conditioning の略。break down は「壊れる」、get to+場所で「〜に着く」。機械などに使う work は「作動する、動く」という意味。ここでは not work で「壊れていた」を表現。either は否定文で使う「〜も（…ではない）」。ちなみに、too は肯定文で使う「〜も（…である）」。sweat は「汗をかく」という意味だが、ここでは強調して「汗だく」と訳してある。testy は「イライラした、怒りっぽい」という意味。in a 形容詞 mood で「〜の気分で」。in a good mood なら「上機嫌で」、in a bad mood なら「不機嫌で」となる。

第16章　体調に関わることを日記に書く

● 下痢(げり)

今日、下痢をして何も食べることができなかった。何か悪いものでも食べたかなぁ？

I had diarrhea today, so I couldn't eat anything. I wonder if I ate something bad.

● 風邪(かぜ)

今日は風邪で1日中寝込んでいた。昨日はのどが痛かっただけだが、今日はひどい咳が出て、頭が重かった。

I was down with a cold all day. I had only a sore throat yesterday, but today I had a bad cough and my head felt heavy.

● 寝違えた

昨日、寝違えてしまった。首を動かすことができず、いまだに痛い。

I got a crick in my sleep last night. I couldn't move my neck at all. It still hurts.

● 全身が筋肉痛

昨日、町民体育祭で障害物競走に参加した。とても楽しかったけど、今日は全身が筋肉痛。

I participated in the obstacle race at the town athletic meet yesterday. I had a lot of fun but my body aches all over today.

体調に関することは have という動詞で表すことが多い。「下痢をする」は have diarrhea という。have loose bowels や have the runs（スラング的）でも良い。I wonder if＋文. で、「〜かなぁと疑問に思う」。something bad は「何か悪いもの」。something＋形容詞は「何か〜なもの」という意味。

この down は「（病気で）寝込んでいて」という意味。後ろに with＋症状や病名が続くことが多い。「風邪」は cold。「風邪をひいている」は I have a cold.「風邪をひいた」は I('ve) caught a cold.「彼に風邪をうつされた」は I got my cold from him. となる。「のどが痛い」は I have a sore throat. で、のどを主語にして My throat is sore. としても良い。「咳が出る」は I have a cough. 最後の My head felt heavy. を I felt dizzy. や My head was swimming. に変えて、「頭がくらくらした」と表現しても良い。

「寝違える」は、「寝ている間に首がけいれんする」と考えて、get a crick in 〜's sleep という。sprain 〜's neck while sleeping でも良い。in 〜's sleep と while asleep は入れ替え可能。get を have にすることもできるが、現在の状態よりも、寝違えた動作に重点を置いているので get の方がふさわしい。crick 「（首や背中などの）けいれん」のこと。hurt は「痛みや苦しみ」を表す一般的な語。ちなみに、日本語の「寝違える」には「寝ている間に」が含まれているので、訳す必要はない。

「（活動など）に参加する」は participate in 〜。take part in 〜でも良い。obstacle race は「障害物競走」。athletic meet は「競技会」。学校の運動会は field day、sports day、track & field day などという。I had fun. は「楽しかった」という決まり文句。fun の前に a lot of が入ると、「とても楽しかった」となる。ache は「（鈍く長く）痛む、うずく」という動詞で、[エィク] と発音。My body aches all over. といえば「体のあちこちが痛い」、要するに「全身が筋肉痛」という意味になる。My muscles ache. や My muscles are sore. などの表現も可能。

● 蒸し暑くて食欲がない

この蒸し暑さで食欲がなく、ゼリーや冷麺ぐらいしか食べる気にならない。健康に良くないことは分かっているんだけど、とにかく暑すぎる。

This muggy weather ruins my appetite. All I feel like eating is jelly and cold noodles. I know it's not good for my health but it's too hot!

● やけど

なべで指にやけどをし、ヒリヒリしてすごく痛い。小さなやけどなのに、全身に痛みがいきわたっている感じがする。

I burned my finger on a pot. It really throbs. It's a small burn but it feels like I have it all over my body.

● 生理痛

1日中、生理痛がひどかった。痛み止めを飲んだけど、あまり効いていないみたい。毎月この期間は、女性であることを憎みたくなる。

I had severe cramps all day. I took painkillers but they don't seem to be helping much. At this time of the month, I hate being a woman.

● 嘔吐

今日、数回吐いた。1日中ずっと寝ているけど、まだ胃がムカムカする。明日になっても良くならなかったら、医者に診てもらうことにしよう。

I threw up a couple of times today. I've been resting all day but still feel sick on my stomach. If I don't feel any better by tomorrow, I'll go see the doctor.

muggy は「蒸し暑い」という形容詞。sticky や humid などと置き換え可能。ruin は「〜を駄目にする」、appetite は「食欲」、これで「蒸し暑さで食欲がない」が表現できる。I have no appetite due to this muggy weather. でも良い。all I feel like eating is 〜は「食べたいと思うものの全ては〜」で、「〜しか食べる気にならない」という強調表現。I know の後には接続詞の that が省略。not good for 〜's health で「〜の健康に良くない」。最後の文には、「とにかく」に相当する英単語は入っていないが、文の流れからそういったニュアンスが含まれている。

1文目の burn は「〜にやけどをする」という動詞。throb は「(やけどや傷が)ヒリヒリする、(頭などが)ズキズキする」という動詞。3文目の burn は「やけど」という名詞。切り傷による「ヒリヒリ(する)」には、smart という語も使える。feel like (that)＋文は「〜のような感じ」という意味。I have it の it は、やけどの痛みを指している。

severe は「ひどい」、cramps は「生理痛、腹痛」、cramp だと「けいれん」の意味。「生理痛」は、I have menstrual pains. という表現も可能。薬を「飲む」は take。painkiller は「痛みを殺すもの」ということで「痛み止め」。help には「(痛みや病気など)を和らげる」という意味がある。hate は「〜を憎む、〜をひどく嫌う」。being a woman は「女性であること」。

throw up は「吐く」という意味の熟語。病院などでは vomit と言うことも多い。子供が使うくだけた語に puke がある。a couple of times は「数回」、a few times も同じ。rest は「休養する」という意味。take a rest と言うこともできる。feel sick は「ムカムカする」。feel better は「(体調などが)良くなる」で、get better でも良い。by tomorrow は「明日までに」。日本語では「良くならなかったら」という過去形を用いているが、英語では don't feel better と現在形を使う。単なる仮定を述べる場合は、未来のことでも現在形で表すのが原則。go see the[a] doctor は「医者に診てもらう」という決まり文句。かかりつけの医者なら the、そうでなければ a を用いる。

● じんましん

顔と首にじんましんができてしまった。すごくかゆい上にみっともない。何か体に合わないものでも食べたに違いないわ。診療所で診てもらおう。

I broke out in hives all over my face and neck. They are very itchy and look so ugly. I must've eaten something that didn't agree with me. I should go to the clinic.

● 花粉症かな？

1日中、くしゃみの連発だった。花粉症かな？　今までなったことはないけど、突然なるって言うし…。明日、病院へ行くとするか。

I sneezed constantly all day. I might have hay fever. I've never had it before but I've heard you get it all of a sudden. I might as well go see the doctor tomorrow.

● 今日は花粉症がひどい

今日は花粉症がひどかった。目がかゆくて鼻水も出っ放しだった。きっと、いつもより花粉が多かったのだろう。花粉症に効果的な治療法があったらいいのになぁ…。

My hay fever was acting up today. My eyes were itchy and my nose was running. There must've been more pollen than usual. I wish there were effective cures for hay fever.

break out in～で「～ができる」という意味。～には発疹やにきびなどの言葉がくる。hives は「じんましん」のことで、常に複数形で用いる。itchy は「かゆい」、ugly は「醜い、見苦しい」などの意味。ugly の前の so は「とても」と同じ。very でも良い。must've[マスタヴ]は must have の短縮形。must have ＋過去分詞形で、「～したにちがいない」という過去の出来事を推測し、それがほぼ間違いないという場合に用いる構文。something の後ろの that は関係代名詞で、後ろから前へと訳す。この that は省略できない。agree は「意見が合う」時のみならず、性格や仕事、食べ物などが「合う」という意味でも使われる。

sneeze は「くしゃみをする」という動詞。「くしゃみ」という名詞にもなる。この constantly は「常に、絶え間なく」という意味。2文目の might は「～かもしれない」という助動詞。hay fever は「花粉症」。I've never had it before. は「以前に一度も（花粉症に）なったことがない」、I've heard は「聞いたことがある」で、いずれも経験の有無を表す現在完了。heard の後ろに接続詞の that が省略。続く you は一般の人を表すもので、people に置き換えると分かりやすい。get it は「それにかかる」、ここでは「花粉症になる」ことを指す。all of a sudden は「突然に」。might as well＋動詞の原形は「～するとしよう」という意味。あまりそういう気分ではないけれど、というニュアンスで用いられることが多い。may as well＋動詞の原形にすることもある。

act up は「（体や機械などの）調子が悪い」という意味の熟語。これで間接的に花粉症が「ひどい」を表している。My nose was running.で「鼻水が出ていた」となる。I had a runny nose.でも良い。pollen は「花粉」、more ～ than usual で「いつもより多い～」という意味。I wish（that）＋過去形の文.は「（実際は違うけれど、）～だったらいいなぁ」という非現実的な望みを表す。effective は「効果的な、効力のある」、cure は「治療法、治療薬」の意味。

第16章 体調に関わることを日記に書く

● 学級閉鎖になるかも？

今日 10 人ぐらい、学校を休んだ。欠席者のほとんどはインフルエンザだった。もし明日も今日と同じぐらいの欠席人数だったら、学級閉鎖になるかも。そうなるといいなぁ…。

About 10 students didn't come to school today. Most of them had the flu. If there are about the same number of absences tomorrow, I suppose our class will be cancelled. I hope so!

● アキレス腱が切れた

今日、レイが松葉杖をついていたので、どうしたのか聞いてみた。バスケをしている時にアキレス腱を切ってしまったらしい。かわいそうに…。早く彼の松葉杖がとれるといいなぁと思う。

I saw Wray walking on crutches today, so I asked him what happened. He said he had torn his Achilles tendon while playing basketball. Poor him! I hope he will be able to walk without crutches soon.

● 静養が必要

この3日間、病気のため家で休んでいた。いまだに良くならない。静養すれば多少良くなるけれど、無理をしすぎるとすぐに体力がなくなる。あ～、いつになったら健康な体に戻れるのだろう…。

I was home sick the last three days. I'm still under the weather. If I rest, I start feeling better, but if I do too much too soon, I feel drained real fast. When will I get back to normal?

1文目は「今日、約10人の生徒が学校へ来なかった」が直訳。「インフルエンザ」はinfluenzaだが、単にfluで良い。absenceは「欠席、不在」という意味の名詞。supposeは「思う」という意味。ただし、thinkに比べて根拠などが薄い場合に使われる。「(はっきりとは分からないけれど)〜だと思う」、「(自信はないけれど)〜だと思う」というニュアンス。guessもsupposeと同じような意味だが、口語ではthinkの代わりに用いられることもある。supposeの後ろに接続詞のthatが省略されている。Our class will be cancelled. で「学級閉鎖になるだろう」が表現できる。ちなみに、classがschoolに変わると、cancelledがclosedになる。

crutchは「松葉杖」のこと。walk on crutchesで「松葉杖をつく」という意味。what happenedは文法的にはwhat had happenedが正しいが、ここではhadを省略している。He saidの後ろに接続詞のthatが省略。tornはtear「引き裂く」の過去分詞形。Achilles(') tendonは「アキレス腱」。ちなみに、Achilles(') heelだと「(個人の)弱味、弱点」という意味。過去の2つの出来事を1文にまとめる時は、古い方の出来事をhad+過去分詞形で表す。「彼が言った」と「アキレス腱が切れた」を比較すると、「アキレス腱が切れた」方が古い出来事。while 〜ingは「〜している時に」で、when 〜ingでも同じような意味。Poor him! は「かわいそうに…」。相手によってherやyouなどと入れ替える。Poor thing! という表現も可能。will be able to+動詞の原形は「〜できるようになる」。文法的にwill canとは言えない。

I was home sick. は「病気で家にいた」という意味だが、homesickと1語で表すと「ホームシックにかかった、家が恋しい」という意味になる。前者はsickを、後者はhomeを強く読む。under the weatherは「病気で、気分が悪くて」という熟語。restは「静養する、体を休める」、too muchは「多すぎる」、too soonは「早すぎる、急ぎすぎる」。この場合のdo too much too soonは「無理をしすぎる」といった意味。feel drainedは「(精力、生命力が)尽きる」。real fastのrealは文法的にはreallyが正しい。get back to normalは「普通に戻る」。この場合の「普通」は「健康な体」を指している。

● 二日酔い

昨日、上司ともめて、夜中の2時までバーで飲んでいた。おかげで今日はずっと二日酔いだった。あんなに飲むべきではないのは分かっていたけど、飲まずにはいられなかった。

I got in trouble with my boss yesterday, so I went to a bar and drank till 2:00 a.m. Thanks to that, I had a hangover all day. I know I shouldn't have drunk that much last night, but I couldn't help it.

● 頭がガンガン

1日中、頭がガンガンしていた。休みをとりたい気持ちは山々だったけど、今が一番忙しい時期だし、同僚に迷惑をかけたくなかったので、とにかく仕事に行った。帰宅して熱を測ったら38度もあった。

I had a splitting headache all day. I really wanted to take the day off, but I went to work anyway because it's the busiest time of the year, and I didn't want to make my co-workers even busier. I took my temp as soon as I got home, and I had a fever of 38°C.

get in trouble with 人で「～ともめる」。have trouble with 人でも良い。「～まで」は till または until。thanks to ～は「～のおかげで」「～のせいで」で、良い意味と皮肉的な意味のいずれにも使われる。この that は「上司ともめて、2時まで飲んでいたこと」を指す。have a hangover で「二日酔いである」という決まり文句。I know (that)＋文.で「～だということは分かっている」。後ろに but＋文 がきて、「分かっているんだけど…ない」と続くことが多い。shouldn't have＋過去分詞形で「～すべきではなかった」という、過去にした行動に対し、後悔や反省、時には責めを表す。that much の that は「あんなに」という意味。can't help ～には「～が避けられない、～を抑制できない」という意味があり、この it が drinking を指していることから、「飲まずにはいられなかった」と訳してある。can't help it は慣用的に「仕方がない」という意味でも用いられることを覚えておこう。

「頭が痛い」は I have a headache. これは head「頭」と ache「痛み」をくっつけたもの。splitting「割れるような」を加えれば「頭がガンガンする」が表現できる。「お腹が痛い」場合は I have a stomachache.「歯が痛い」は I have a toothache.「背中[腰]が痛い」は I have a backache. となる。1文目は My head was splitting[pounding]. でも良い。really wanted to＋動詞の原形は「すごく～したかった」、これで「～したいのは山々だった」が表現できる。take the day off で、「その日1日休む」、take a day off は「1日休みをとる」、特に「会社を休む」という意味で使われる。the busiest time of the year で「1年で一番忙しい時期」。busiest は busy の最上級。本文では「1年で」の部分を「今が」としてみた。make my co-workers even busier は「同僚をさらに忙しくさせる」という意味。この even は比較級を強める働き。同僚がさらに忙しくなる→仕事が増える→迷惑がかかる、という具合に意訳した。「体温を測る」は take ～'s temperature で、temp はその略語。have a fever で「熱がある」、これに of＋体温を続けると「～度の熱がある」となる。日本では摂氏、Centigrade[Celsius] を用いるが、アメリカでは華氏、Fahrenheit を用いる。華氏から摂氏を求める時の換算式は $°C ≒ \frac{5}{9}(°F-32)$ だが、計算がややこしいので、目安として、$°C ≒ (°F-32)÷2$ を覚えておくと良い。ちなみに $100°C=212°F$ ／ $38°C=100°F$ ／ $0°C=32°F$

● 腰が痛い

起きたら腰が痛かった。どうして痛いのか理由が分からない。いつもと違ったことをした覚えもない。のんびりお風呂に入って、マッサージしておいたので、明日には痛みがひいているといいけれど…。もし良くなっていなかったら、整体師にでも診てもらおう。

I woke up with a pain in my lower back. I can't figure out why. I don't remember doing anything different from usual. I took a long bath and rubbed it. I hope the pain goes away tomorrow. If it doesn't get any better, I'll go see a chiropractor.

1文目は「腰の痛みと一緒に起きた」が直訳。「〜が痛い」は、I have a pain in my＋体の部位.で表す。back は「背中」だが、「腰」も含まれているので、「腰が痛い」は、I have a pain in my back.で良い。あえて区別したければ lower back「下の方の背中」とすれば「腰」が表せる。figure out は「(状況など)を理解する、(問題など)を解決する」という意味。口語でよく使われる。remember 〜ing は「(過去に)〜した事を覚えている」、remember to＋動詞の原形だと「〜することを覚えている、忘れずに〜する」という意味になる。anything different from usual で「いつもと異なったこと」。否定文で使われているので anything だが、肯定文なら something に変わる。take a bath は「お風呂に入る」、take a shower は「シャワーを浴びる」。rub は「〜をもむ、〜をマッサージする」という意味。もちろん、massage でも良い。go away は「去る」、ここでは痛みが「なくなる」という意味。chiropractor は「整体師」で、「整体」は chiropractic。最後の go と see の間に、to または and が省略されている。

第16章　体調に関わることを日記に書く

第17章　スポーツに関することを日記に書く

● ジムで運動

ジムに行って運動をした。疲れたけど気分は最高。

I went to the gym and worked out. I'm tired but feel great.

● ソフトボールの試合

今日、ソフトボールの試合があった。いい試合だった。ずっとセカンドを守っていた。8対3で勝って、気分が良かった。

We had a softball game today. We played a good game. I played the whole game at second base. We won 8-3. I felt great.

● バッティング練習

夕食の後、息子をバッティング・センターへ連れて行った。スイングがかなり良くなっていた。日曜日の試合でホームランが打てるといいけど…。

I took my son to the batting cages after dinner. His swinging has improved a lot. I hope he'll hit a home run in the game on Sunday.

● 自分らしくない卓球の試合

今日、卓球の試合があった。試合中とても緊張して、いつものプレーができず、5対11で負けた。すごくガッカリ…。

We had a table tennis match today. During the match, I was really nervous and I couldn't play my regular game. I lost 5-11. I am so down.

gym は gymnasium の略。学校などの「体育館」という意味もある。「ジム」という意味では fitness center でも良い。work out は「体を鍛える、筋力トレーニングをする」という意味の熟語。日本語では「疲れた」となっていても、今でも疲れている場合は I am tired. になる。「おなかが空いた」、「のどが渇いた」などの形容詞についても同じ。

game は「試合」、特に野球、バスケットボール、フットボールなどの-ball が付くスポーツの試合を指す。ゴルフやテニスなどの試合は match、勝ち抜き戦の試合は tournament。whole は「全体の〜、〜中ずっと」。「2塁」は second base で、ふつう the を付けない。「本塁」は home (plate)。8-3 は eight to three と読む。「〜対〜で勝つ」は win 〜 to 〜 で表す。「5点差で勝った」と言いたい場合は、We won by 5 points. と表す。

batting cages は「バッティング・センター」のこと。swinging は「素振り、スイング」のこと。improve は「上達する、進歩する」という意味。「ホームランを打つ」は hit a home run。slam a home run や smack out a home run、crank out a home run などと言うこともある。ちなみに「彼は三振した」は He was struck out.「彼は空振りの三振をした」なら、He struck out swinging.「彼は見逃しの三振をした」なら、He was called out on strikes. と言う。

table tennis は「卓球」のこと。ping-pong でも良い。during は「〜の間」という意味の前置詞で、後ろに名詞(句)が続く。while も同じような意味だが、こちらは接続詞。よって、後ろに文が続くことに注意。nervous は「緊張した」。ほかに tensed や tensed up でも良い。my regular game は「いつものプレー」という感じ。5-11 は five to eleven と読む。「〜に負ける」と言う時は、lose の後ろに to 〜 を加える。down は「ガッカリした、落胆した、しょげた」という意味の形容詞。

第17章 スポーツに関することを日記に書く

● プールで日焼け

友達とプールへ行った。少し泳いだ後、プールサイドで日光浴をした。「日焼け止めをぬらないと皮膚ガンになるわよ。」とお母さんはうるさいけど、関係ないや。カッコイイ小麦色の肌になりたいんだ。

I went to the pool with some friends. We swam for a while and then caught some rays by the pool. Mom always tells me to put on some sunscreen, or I'll get skin cancer. But I don't care. I want to get a good-looking tan.

● サイクリング

今日、3時間ほどサイクリングに出かけた。妹を誘ってみたけど答えはNOだった。自転車であんなに遠くまで出かけたのは久しぶりだった。きっと明日、腿が筋肉痛になるだろう。

I went out for a three-hour bike ride. I asked my sister if she wanted to come along, but she said no. It had been quite a while since I rode my bike so far. I'll probably have sore thighs tomorrow.

● テニスの練習

ジェニファー、ミランダ、ルーシー、私の4人でテニスコートへ行き、約2時間半、ダブルスをした。3時半ごろ終わって、それから近くの喫茶店でコーヒーを飲んだ。いい運動になった。

Jennifer, Miranda, Lucy and I went over to the tennis court and played doubles for about 2 and a half hours. We finished at around 3:30 p.m., and then went to the nearby café for coffee. We had a good exercise day!

2文目の and then は「それから」という意味。順を追って物事を説明する時に使われる。catch some rays は「日光浴をする」。sunbathe という動詞でも良い。この ray は「太陽光線」のこと。by the pool は「プールのそばで」が直訳だが、「プールサイドで」のこと。tell 人 to 動詞の原形 で「人に〜するように言う」。これに always が入ると「いつも」という意味が加わり、「しょっちゅう言う」、時には「うるさい」というようなニュアンスになることもある。sunscreen は「日焼け止めクリーム」、続く or は、「そうでないと、さもないと」を表す。otherwise や or else でも良い。skin cancer は「皮膚ガン」。I don't care. は「気にしない、構わない」。tan は「小麦色」のこと。ちなみに、「日焼けした」は、I got suntanned. と I got sunburned. があるが、内容が異なる。前者は、健康的な肌の色に焼けたという意味で、後者は、皮膚がただれるような、ヒリヒリして痛い日焼けを指す。

「サイクリングに出かける」は go out for a bike ride。「人に〜したいか尋ねる」は ask 人 if 代名詞 wanted to 動詞の原形 で表す。come や go などに続く along は「一緒に」といった意味。本文では「妹を誘ってみた」と意訳してある。「〜したのは久しぶりだった」は、It had been quite a while since 過去形の文. で表す。quite a while の代わりに、a long time や ages などを用いても良い。sore は「痛い」という意味で、筋肉の痛み、炎症を起こしたような痛み、ヒリヒリ・ズキズキする痛みなどにも使える。ここでは thigh「腿」の痛み、つまり「腿が筋肉痛になる」と言っているわけだが、英語では「筋肉痛の腿を持つ」という表現をする。

1文目の went over to の over は、動作が行われる距離感を表しているだけなので、特に訳す必要はなく、また省略しても支障はない。doubles は「(スポーツの)ダブルス」、「シングルス」なら singles で日本語と同じ。about は「約、およそ」、around は「頃」という意味。nearby は「近くの」という形容詞。「近くに」という副詞としても用いられる。café の代わりに coffee shop としても良い。

第17章 スポーツに関することを日記に書く

● 試合中の乱闘

お父さんと野球の試合を観に行った。試合の途中、ボールかストライクかの判定で乱闘が起きた。落ち着くのに10分かかったけど、見ていて面白かったから全然気にならなかった。

I went to a ball game with my dad. In the middle of the game, they had a brawl over whether it was a ball or a strike. It took 10 minutes for them to chill out. But we didn't care because it was fun watching.

● 高校野球

今日、高校野球が開幕した。プロ野球より興奮する。僕たちの県代表チームはあさってプレーする。試合に勝って次に進めるといいなぁ…。

Today was the opening of the High School Baseball. I get more excited about that than about professional baseball. The team that represents our prefecture plays the day after tomorrow. I hope they'll win the game and go on to win the next one.

● ビリヤード

友達とビリヤードをしに行った。みんな全然上手くないけど、お互いに競い合って楽しんだ。ビリヤードそのものよりも、次は誰が勝つかを賭けながら、彼らと一緒にいることの方が楽しい。

I went out to play pool with my buddies. None of us is really any good, but we all have fun trying to beat each other. I have more fun hanging out with them and betting on who is going to win the next game than actually playing itself.

「野球の試合」は ball game。ballgame とつづることもある。in the middle of ~で「~の最中に、~の真ん中に」という意味。brawl は「口論、ケンカ」のことで、特に公共の場でするようなものを指す。この over は「~のことで」。whether A or B で「A なのか B なのか」。chill out は「落ち着く、(興奮などから)さめる」という意味の熟語。not care は「気にならない、構わない」という意味。it was fun は「楽しかった、面白かった」、これに動詞の ing 形を付けると、「~して楽しんだ」という意味になる。ここでは乱闘を見ていて面白かったことを指している。最後の文は、次のように書き替えることもできる。But it was fun watching, so we didn't care.

opening は「開幕」。「高校野球」は High School Baseball。「全国高校野球大会」は National High School Baseball Tournament。get excited は「興奮する」。前に more を、後ろに than ~を加えて「~よりももっと興奮する」という比較を表している。professional baseball は「プロ野球」。the team that represents our prefecture で「僕たちの県を代表するチーム」。この that は関係代名詞で、すぐ後ろに動詞がきているので省略することはできない。the day after tomorrow は「あさって」。ちなみに、「おととい」は the day before yesterday。go on to win で「勝ち進む」という意味。the next one の one は game のこと。

「ビリヤードをする」は play pool。アメリカでは pool が一般的。billiards はイギリスで使われることが多い。buddy は「友達」のこと。男性同士で使うのがふつう。None of us is ~は「僕たちのうち誰も~ない」、この good は「上手い」という意味。have fun ~ing で「~して楽しむ」、beat は「~を打ち負かす、~に勝つ」。hang out は「(特に目的もなく、時間をつぶす感覚で)たむろする、うろつく」という熟語。bet on ~は「~を賭ける」で、後に続く who is going to win は「誰が勝つか」。この who は疑問代名詞。ここでの game は「試合」というより「1 ゲーム」という感覚。

● 久々のスノーボード

久しぶりにスノーボードに行った。ケガしなかったから良かったが、明日になったら腕や足など、体中が痛くなるだろう。また行きたいかどうか…。う〜ん、気持ちとしては行きたい。でも体がついてこない。

I went snowboarding for the first time in ages. I am really happy that I didn't get hurt. But I know that my arms, legs, and entire body will ache all over tomorrow. Do I want to go again? Hmm, my mind says yes, but my body says no.

● ヨガに挑戦

ジンジャーがカリフォルニア・フィットネス・センターのヨガ教室に連れて行ってくれた。ヨガが体だけでなく精神的にも良いことはよく聞いていたけど、今までは機会がなかった。1時間のクラスの後、すごくリラックスできて、体もかなり柔らかくなった。ヨガがとても気に入り、そこの会員になろうか考えている。

Ginger took me to the California Fitness Center for a yoga lesson. I had heard a lot about how good it is not only for the body but also for the mind, but I had never had a chance to try it before. Anyway, it was one hour class and I felt really relaxed afterwards. Besides, my body feels so flexible. I really liked it and now I'm thinking about getting a membership there.

「スノーボードをしに行く」はgo snowboarding。スポーツ名としての「スノーボード」はsnowboarding。snowboardだと「スノーボードの板」、または「スノーボードをする」という動詞になる。スキーやスケートなどについても同じ。for the first time in 期間で「～ぶりに」という意味。ages は「長い間」を指す。2文目と3文目のthat はともに接続詞で省略可能。get hurt で「ケガをする」。hurt myself としても良い。entire body は「体全体」。whole body としても同じ。ache は「痛む」という動詞。Do I want to go again?と言って、自問自答している。Hmm, は「う～ん、フ～ム」など、ためらっている時、疑問に思っている時などに使う言葉。ここでのmind は「気持ち」という意味。My body says no. は「体はノーと言っている」、つまり、「体がついてこない」ことを意味している。

2文目のhow good it is で「それがどんなに良いか」、not only for the body は「体にだけでなく」、but also for the mind は「精神的にも」という意味。not only A but (also) B で「AだけでなくBも」という構文。これが主語になった場合、動詞はBに合わせるということも覚えておこう。I had never had a chance. の最初のhad は、過去完了で使う助動詞のhad。2つ目のhad は「機会がある」の「ある」を表すhave の過去分詞形。class の代わりにsession も使える。feel relaxed は「リラックスする」、afterwards は「その後、後に」の意味で、afterward とつづることもある。flexible は「体が柔らかい」という意味だが、「性格がやわらかい」、つまり「融通が利く」という意味でも用いられる。I'm thinking about ～ing.は「～しようかと考えている」といった計画を表す文。getting a membership there で「そこの会員になること」。membership は「会員（資格）」。

● 富士登山に備え、足を鍛える

来月末に友達と富士山に登るので、足を鍛えるために、本宮山に登った。体力には自信があると思っていたけど、頂上に着く頃には息切れしていた。今週末もまた登りに行くが、次回は少し楽になりそうだ。毎週末、こうして鍛えれば、来月には難なく富士山に登れるはずだ。

I'm going to climb Mt. Fuji with friends at the end of next month, so I went mountain climbing at Mt. Hongu to build up my legs. I thought I had confidence in my strength but actually I was out of breath by the time I got to the top. I'll go climbing again this weekend and it should feel easier. If I train every weekend, I should be ready for Mt. Fuji when we go.

● はじめての乗馬

今日、初めて乗馬に挑戦した。まずインストラクターが、馬に関する様々なことを教えてくれた。例えば、馬の好きな食べ物や扱い方、どのように歩かせるのか、止まらせるのか、どう方向転換させるのか、などである。そして、馬をなでたり毛をとかしたりしてスキンシップを図った。それから馬に乗って歩かせる練習をした。私の馬は本当に利口で、とても楽しかった。いつかまたやってみたい。

I tried horseback riding for the first time today. First, the instructor taught us everything about horses, like what they like to eat, how they like to be treated, how to let them start walking and how to stop them, how to turn them, and so on. Then, we had close body contact by grooming them. After that, we climbed on the horses and practiced walking them. My horse was such a good girl, and I had so much fun. I want to give it a try again someday.

「〜の末」には at the end of 〜。build up 〜は「〜を鍛える」。train でも良い。have confidence in 〜で「〜に自信がある」、strength は「体力」。ただ、「力、強さ」という意味もあるので、physical strength とすれば誤解なく「体力」を表すことができる。out of breath は「息を切らして」。short of breath でも良いが、こちらは標高やぜん息などの病気が原因で、という意味が強い。by the time 文で「〜する頃には」。get to 場所で「〜に着く、〜に到着する」。it should feel easier の should は、「〜なはずだ」という強い予想を表す。「〜にちがいない」という、さらに強い予想には must を用いる。ここでの easier は easy の比較級で、「楽な、きつくない」という意味。最後の文の should も強い予想を表す。should be ready for Mt. Fuji は「富士山の準備ができているはず」が直訳だが、ここでの準備とは体力的なものを指しているので、「難なく富士山に登れるはず」と意訳してみた。when we go は「私たちが行く時」。英語ではよく使われる言い回し。日本語は具体的に「来月」としてある。

「乗馬」は horseback riding。for the first time は「初めて」で、後ろに in my life「人生で」を付け加えることもある。順を追って物事を説明する時は、first「まず」、second「2番目に」、then「そして」、after that「その後」、finally「最後に」などを、各説明の前に加えると分かりやすくなる。... like what they like to eat の最初の like は「例えば」の意味。2つ目の like は「〜が好き」という意味。what they like to eat の they は馬を指し、「馬は何を食べるのが好きか」、how they like to be treated で「馬はどのように扱われるのが好きか」、how to let them start walking で「馬をどうやって歩き始めさせるのか」、how to stop them で「馬をどうやって止めるのか」、how to turn them で「馬をどう方向転換させるのか」という意味。「…など」は、..., and so on のほか、and so forth や etc.も使える。「スキンシップ」は和製英語。英語では (close) body contact または (close) physical contact と言う。by 〜ing は「〜にすることによって」という方法や手段を表す。groom は「（馬、犬など）の手入れをする」という意味の動詞。名詞だと「新郎、花婿」。practice は「〜の練習をする」。後ろに動詞の ing 形か名詞がくる。such a good girl の such は、「たいした、あれほど(の)」などの意味で、「本当に、とても」と訳すことが多い。よく、いい子にしている動物を good girl（メス）、good boy（オス）という。

第17章 スポーツに関することを日記に書く

第18章　ふと感じたこと日記に書く

● 家庭教師をつけようかしら？

息子に家庭教師をつけた方がいいかしら？　なんだか、クラスのみんなについていくのが大変みたい…。

I wonder if I should hire a tutor for my son. He seems to have a hard time keeping up with the other students in his class.

● 物騒な世の中

昨夜、近所のコンビニにナイフを持った強盗が入った。犯人はまだ捕まっていないらしい。この辺りも物騒になってきたものだ。

A criminal with a knife robbed the convenience store near my house last night. They say that he hasn't been caught yet. It's getting unsafe around here.

● 出会いって不思議

新しい仕事は本当に楽しい。同僚も大好き。1週間前まで彼らとは面識がなかったのに、今はこうしてお互いに関わり合っているなんて、何だか不思議な感じ。

I really enjoy this new job. I love the people I work with. It's strange to realize that until a week ago, I didn't know any of them. But now we're part of each other's lives.

● お金が全て？

認めたくないけど、お金が全てかもしれない、そう思う時がある。お金があれば権力も自由も手に入る。それに安全だって保障される。俺にはお金がない。だからみじめだし、劣等感さえ感じる。あ〜、金持ちになりたい。

I don't want to admit it, but it seems money may be everything. Money is power. Money is freedom. Money is security. I have no money. I feel miserable. I feel inferior. Oh, I want to be rich!

I wonder if+文.は「〜かなぁ、〜かしら」という、自問自答の疑問文。hire は「〜を雇う」、tutor は「家庭教師、個人教師」。have a hard time は「大変な思いをする、困難な時を過ごす」。これに動詞の ing 形を続ければ、具体的な内容を表すことができる。keep up with 〜は「〜に（遅れないように）ついていく」という意味の熟語。catch up with 〜だと「〜に追いつく、〜と同じレベルに達する」という意味。

　criminal は「犯人、犯罪者」のこと。with a knife で「ナイフを持った」、rob は「〜に対して強盗を働く」という意味で、〜には店や人がくる。convenience store は「コンビニ」のこと。convenient store と言うこともある。be 動詞＋caught は「捕まえられる」という受け身。ここでは、hasn't been caught yet、「まだ捕まえられていない」という現在完了で使われている。日本語は「まだ捕まっていない」とする方が自然。unsafe は safe に un（＝not）という接頭語を付けたもの。「安全ではない」で「物騒」となる。

　people I work with で「一緒に働いている人」、つまり「同僚」のこと。people の後に that、who、whom のうち、いずれかの関係代名詞が省略されている。strange は「不思議な、変な」、to realize は「実感して」。until a week ago は「1週間前まで」。until の代わりに till や up until も使える。この part は「関わって」という感じの意味。each other's lives で「お互いの生活」。lives は life の複数形。

　admit は「〜を認める」という意味。本文の形や I have to admit it.「認めざるを得ない」、または Just admit it.「認めなさい」の形でよく使われる。Money may be everything. は「お金が全てかもしれない」、Money is everything. は「お金が全てである」、Money isn't everything. は「お金が全てではない」。power は「権力、力、権限」、freedom は「自由、解放」、security は「安全、安心感、保護」で、いずれも名詞。miserable は「みじめな」、inferior は「劣った、粗悪な」という意味の形容詞。英語はかなりシンプルに表してあるが、日本語は上記の名詞や形容詞を用いて意訳してある。

● 自分に自信がない？

今日は誰からも電話やメールがなかった。電話やメールがあまりに多いとイライラするけど、全然来ないと寂しい気がする。自分に自信がないからそう思うのかな？

Nobody called me or e-mailed me today. When I get too many calls and e-mails, it drives me crazy, but when I don't hear from anybody, I feel lonely. Am I insecure?

● 彼女、整形したのかな？

中学の時の友達に会った。彼女は私に気付いたけれど、私は気付かなかった。私の記憶にある彼女とは全然違っていたからだ。かわいくなっていたけど、ちょっと不自然な感じだった。整形でもしたのかな？

I bumped into a friend from junior high. She recognized me but I didn't recognize her. She looked completely different from what I remember. She was pretty in a sort of artificial way. I wonder if she had cosmetic surgery.

● ばれていないだけ

昨夜、大物政治家による賄賂のスキャンダルが明るみに出て、テレビもラジオも今日1日そのことを伝えていたが、私はまったく驚かなかった。単にばれるかばれないかの問題で、たいていの政治家が賄賂を受け取っているような気がする。

The bribery scandal of a big-time politician broke on the news last night, and the media was talking about it all day today. But it didn't surprise me at all. I suppose most politicians are guity of taking bribes. It just depends on whether the incident leaks out or not.

主語の Nobody は「誰も～ない」という意味で、動詞に否定語を用いなくても否定文になる。1 文目の call は「～に電話をかける」、e-mail は「～にメールする」という動詞。2 文目の call は「(かかってきた)電話」、e-mail は「メール」という名詞。drive 人 crazy は「～をイライラさせる、～の気を狂わせる」。hear from 人で「～から連絡がある」という意味。電話、メール、手紙などの手段は状況から判断する。insecure は「自信がない、不安な」という意味。ここでは、電話やメールなしでは生きていけない、友達がいないと不安、という気持ちを表している。最後の文は、Is that a self-centered thought?「それって自己中心的な考え？」としても良い。

bump into ～は「～にばったり会う」という熟語。run into～も同じ。recognize は「～に気付く、～だと見て分かる」。junior high の後ろに school が省略されている。different from ～は「～とは違う」、これに completely「完全に」を加えれば、「全然違う」というニュアンスが出る。本文は「違っていた」となっているが、look という動詞からも分かるように、実際は「違って見えた」ということ。what I remember は「私が覚えていること[感じ]」、これで my memory と同じような意味になる。in artificial way は「人工的に」という意味だが、訳は「不自然な感じ」としてみた。この sort of は「なんだか、多少、いささか」という意味で、kind of との置き換えが可能。cosmetic surgery は「美容(整形)手術」。plastic surgery と言うこともある。

bribery は「贈賄、収賄」。bribe だと「贈った、受け取ったお金や物」を指す。big-time は「一流の、大物の」という意味の形容詞。politician は「政治家」。ここでの break は「(悪い知らせが)明るみに出る、表に出る」という意味。「マスコミ」は the media。most は「たいていの」で一般的な人、物、物事について言う時は、すぐ後ろに名詞が続く。ただし、「大部分」という意味で後ろに the ～、my ～などの限定語が続く時は、most of the ～、most of my ～のように、of を補う必要がある。guilty of ～は「～の罪を犯した」という意味。whether the incident leaks out or not「そういう出来事[事件]がばれるかばれないか」という意味だが、ここでは、状況から判断できるので、「単にばれるかばれないかの問題」と訳してある。leak out は「(秘密が)漏れる」という意味。最後の英文 2 文に対する日本語は、順序が入れ替わった訳になっている。

● 仕事の意義

生活のために働かざるを得ないのか、仕事が生きがいで仕事なしでは生きていけないのか、そうジュードに聞かれた。私が仕事ばかりしているから、こんなことを聞いてきたのかな？ 彼の質問にはすごく考えさせられた。以前は働かなければ生活していけなかったけど、今は生活のために働いているのではなく、単に仕事が楽しくて仕方がない、そう答えておいた。

Jude asked me if I work to live or live to work. Maybe he asked me because he always sees me working. His question really made me think, but I answered that I used to work to live, but now I just love to work, not live to work.

● 自分が恵まれていること

台湾行きの機内で、世界の発展途上国の子供たちのための募金袋が目に入った。今にも餓死しそうな子供たちのことを考えたら、いくらか寄付せずにはいられなかった。そして、自分が恵まれていることに感謝した。

On the plane to Taiwan, I saw a little envelope for fund-raising for children in developing countries around the world. When I thought about those starving children, I couldn't help donating some money. That made me appreciate how fortunate I really am.

ややこしい内容だと思うかもしれないが、簡単に言うと、work to live とは「生活のために働く」、live to work は「働くために生きる」ということ。具体的に言うと、前者は、旅行したり、習い事をしたり、好きなものを買ったり、ローンを払ったり…など、生活をエンジョイするために、あるいは生活していくために働かざるを得ない人。後者は、休みの日でも仕事をしていないと、いてもたってもいられなくなるほど仕事に生きがいを感じ、仕事ばかりしている人。love to work は、単に仕事が好きで、働くことが楽しいと思っているが、live to work ほど「仕事中毒」ではないタイプの人。本文では、work to live、live to work、love to work を内容で考えて、意訳してある。文法的な説明に入るが、see 人 ～ing で「人が～しているのを見る」。～ make 人 think で「人に～を考えさせる」という意味。used to 動詞の原形は「以前は～していた」。これには、「今はもう～していない」という意味まで含まれている。本文の I just love to work. は、流れから「単に仕事が楽しくて仕方がない」という訳にしてみた。

envelope は「封筒」、fund-raising は「募金」、developing country は「発展途上国」、ちなみに「先進国」は developed country。think about ～は「～のことを考える」で、imagine「想像する」などの動詞と入れ替えても良い。starving children は「餓死しそうな子供たち」。starved children でも良い。can't help～ing は「～せずにはいられない」という意味の熟語。donate は「～を寄付する、～を贈与する」。make 人 appreciate ～は「人に～を感謝させる」という意味。make 人＋動詞の原形は、よく使われる形なので覚えておこう。how fortunate I really am は「実際に自分がどれだけ恵まれているか」ということ。

第18章 ふと感じたこと日記に書く

● 家族っていいな

金沢から姉の家族が遊びに来た。お父さんもお母さんもすごく嬉しそうだった。特に孫に会えたことが嬉しいようだ。みんなで川へピクニックに行った。家族のぬくもりを感じた。

My sister's family came from Kanazawa. Mom and Dad looked very happy to see them, especially to see their grandchildren. We all went to the river and had a picnic lunch there today. I felt warm and tender towards my family.

● 年齢は気持ちの問題

今日は私の誕生日！ 30歳に突入した。周りの人の基準によっては「オバサン」かもしれないけど、私の基準では違う。年齢って気持ちの在り方次第でしょ。確かに、若い時に可能だったことが今はもう無理ということもあるけど、その分、前よりも賢くていい女性になっていると確信している。

It was my birthday today and I am now the big three-oh, an old woman by some people's standards, but not by mine. Age is a state of mind. Although I can't do some of the things I used to be able to do, I'm sure I'm much more mature and a better woman.

● 20年後はどう変わっているのだろう

昨夜眠れなかったのでテレビをつけてみると、20年前のドラマをやっていた。当時は流行の最先端を行っていたファッションや化粧、電化製品、車など、いろいろなものがすごく古臭く見えた。いかに世の中の事情が変わったのか気付かされると同時に、この先20年でどう変わるのかなぁと思った。

I couldn't sleep last night so I turned on the TV. I found a drama that came out 20 years ago. Fashion, makeup, electrical goods, cars — a lot of things looked really outdated although they sure looked trendy in those days. It made me realize how things have changed, and at the same time, I wonder how things will change in the next 20 years.

「遊びに来た」は came や visited、came to see＋人などで表す。「遊びに」となっているからといって came to play とすると、子供たちがするような遊びをしに来たという感じになってしまうので注意。especially は「特に」。「孫」は複数なら grandchildren、1人なら grandchild になる。日本語は父、母の順で書くことが多いが、英語は Mom、Dad の順にするのがふつう。feel warm and tender は「ぬくもりを感じる」という意味。feel genuine warmth と言うこともできる。towards は「〜に対して」。toward とすることもある。

1文目の the big three-oh は、30歳という年齢を1つの大きな区切り目と考えている気持ちを表したもの。30を3-0と分けてゼロを[オゥ]と読んだ表現。40は four-oh、50は five-oh となる。standards は「標準、基準」。but not by mine の mine は my standards を指している。state of mind は「気持ちの在り方、心の状態」といった意味。although は「〜だけれど」。ただし、文脈から「確かに〜だけれど」と訳してみた。the things I used to be able to do は「以前はできていたこと」という意味。ここで言う「以前」は「若い時」のこと。things の後ろに that や which が省略されている。use to 動詞の原形で「以前は〜していた」、これに be able to do「できること」が続いている。be able to は can と同じ意味だが、can は助動詞なので to の後に持ってくることができない。最後の文の much は比較級を強める働き。mature は「賢明な、成熟した」。

turn on 〜は「(テレビや電気など)をつける」、「〜を消す」は turn off 〜。the drama that came out 20 year ago で「20年前のドラマ」という意味。この that は関係代名詞。すぐ後ろに動詞がきているので省略できない。outdated は「時代遅れの、すたれた」という形容詞。old-fashioned や out of date としても良い。although は「〜だけれど」。trendy は「最新流行の」。fashionable でも良い。in those days は「当時(は)、その頃(は)」。how things have changed で「いろいろな事がどのように変わったか」。直接書かれてはいないが、「この20年間で」というニュアンスが現在完了形から読み取れる。at the same time は「同時に」、how things will change は「いろいろな事がどう変わっていくか」。in the next 20 years の in は「〜後、〜経ったら」という意味。

第18章 ふと感じたこと日記に書く

第19章　男女間の気持ちを日記に書く

● **会いたくてたまらない**

昨日はまる1日メグと一緒にいて本当に楽しかった。もう彼女に会いたくてたまらない。

It was really fun spending the whole day with Meg yesterday. I already miss her terribly.

● **昨日の余韻**

彼氏の家に泊まってロマンチックな一夜を過ごした。彼の腕の中で目が覚めるなんて、すごく素敵な気分！　昨日の余韻が1日中残っていた。

I stayed at my boyfriend's and had a romantic night with him. It was a fabulous feeling to wake up in his arms. The afterglow was with me all day.

● **昔の彼を思い出す曲**

喫茶店でなつかしい甘い曲が流れているのが聞こえた。"My One and Only Love"という曲で、昔の彼を思い出した。よく私に歌ってくれたっけ…。それを聞いていたら、彼は今、どうしているんだろうと、ちょっと気になった。

A sweet melody from times past caught my ears at the café. It was "My One and Only Love", which reminded me of my ex-boyfriend. He often sang it to me. Hearing it made me wonder how he's doing now.

fun は「楽しいこと、面白いこと」という意味の名詞で、a や the などの冠詞を付けないのがふつう。whole は「まる〜」、the whole day で「まる1日」。miss 〜は「〜が(い)なくて寂しいと思う」という意味。〜には人、物事のいずれも可能。terribly は「とても」という意味の口語。どちらかと言えば好ましくない内容に使われることが多い。ここでは a lot や very much でも良い。

「泊まる」は stay at＋場所、または stay with＋人で表せる。stay の後ろに the night を加えることもある。boyfriend's の後ろに house や apartment などの言葉が省略されている。fabulous は「素敵な、すばらしい」という意味で、wonderful や fantastic などの形容詞と置き換え可能。afterglow とは「(楽しい出来事の)余韻」を指す。「(残響の)余韻」なら reverberation。しばしば reverberations という複数形で用いられる。〜 was with me で「〜が私と一緒にいた」、これで「〜が残っていた」を表せる。all day は「1日中」。英語には「昨日の」に当たる言葉は入っていないが、文頭の The から昨日のことを指しているのが分かる。

ここでの melody は「曲」を指し、song や tune との置き換えが可能。from times past は「過ぎ去った時間」だが、ここでは「なつかしい」といったニュアンス。日記では特にこだわる必要はないが、正式な文書では、曲名は引用符で、CD などのアルバム名はイタリック体で表すということを知っておくと良い。2文目の ..., which は関係代名詞。which 以降がコンマの前の内容の付け加えになっている。which を and it に置き換えると分かりやすい。A remind B of C で「A を聞くと[見ると]、B が C を思い出す」という意味。少々ややこしいが、思い出させるものを主語にすると覚えておこう。ex- は「前の」という意味で、[エックス] と発音する。ex-boyfriend なら「前の彼氏」、ex-president なら「前大統領」などとなる。最後の文の make は使役動詞で、make＋人＋動詞の原形で「人に〜させる」。ここでの主語は hearing it、「それ[その曲]を聞くこと」。made me wonder で「私を疑問に思わせた」。how he's doing now は「彼が今、どうしているかということ」という意味。wonder＋疑問詞の後は、普通の文が続くことに注意。(wonder how is he doing now は×)

第19章 男女間の気持ちを日記に書く

● 先生のことが好き

いつもの先生が休みだったので、代わりの先生が来た。すごく魅力的だった。授業中ずっと見とれてしまって、先生の話を聞くどころではなかった。先生のことが好きになってしまったようだ。

My regular teacher was absent today, so we had a substitute. She was very attractive. I kept looking at her throughout the whole class, and I wasn't really paying attention to what she was talking about. I think I've got a crush on her.

● 気持ちはありがたいけど、タイプじゃないの

板金屋に車を取りに行った。修理代を払って帰ろうとした時、そこのオーナーがためらいがちに食事に誘って来た。気持ちはありがたかったけど丁重に断っておいた。だって全然タイプじゃないんだもの！

I went to pick up my car at the body shop. After I paid for the repairs and was about to leave, the owner of the shop hesitantly asked me out to dinner. I appreciated his offer but turned him down nicely. He wasn't my type at all!

regular teacher は「いつもの先生」という意味。substitute は「代理(人)」のこと。look at ～は「～を見る」という意味だが、ここでは keep と一緒に用いて、「～に見とれる」という訳にしてみた。ここでの throughout と whole は、どちらも「～の間ずっと、～中」という意味。一方だけでも良いが、両方使うことで「授業中ずっと」を強調している。強調する必要がなければ、during the class「授業中ずっと」でも良い。pay attention to～で「～に注意を払う」、ここでは what she was talking about「彼女が話していること」に注意を払っていなかった、要するに、「先生の話を聞いていなかった」、ということ。I've got a crush on 人は「～を好きになる、～に惚れる」という意味で、生徒が先生に恋するような場合に使われることが多い。I've got を I have にしても良い。

body shop は「板金修理工場」のこと。(auto) repair shop なら「(自動車)修理工場」。「～代を払う」と言う時は pay for ～、pay の後ろに金額や人が続く場合は for は不要。was＋about to＋動詞の原形で「ちょうど～しようとしたところ」、was の前に when I が省略されている。ask 人 out to ～は「人を～に誘う」という意味で、特にデートに誘う場合に用いられる。hesitantly は「ためらいがちに、口ごもりながら」という意味の副詞。appreciate は「～に感謝する」。offer は「申し出」だが、ここでは「気持ち」と訳してある。turn ～ down は「～を断る」という意味の口語でよく使われる熟語。～には人や事柄がくる。代名詞（him, it,など）は必ず down の前にするが、名詞(句)なら down の後ろに持ってくることも可能。このほか、強い調子で申し出・要請・招待などを断る場合は refuse や reject、招待や依頼をやわらかく丁寧に断る場合は decline を使うこともできる。最後の at all は not と一緒に用いて「全然～ない」という強調語。

● 今度は慎重に

ブラッドが友達のシンディを紹介してくれた。今夜、初めてデートをした。かわいくてすごく人が良さそうだったけど、あまり焦って決めたくはない。本気で好きになってしまう前に、できるだけ彼女のことを知っておいた方が良さそうだ。その方が傷つくのも少なくて済む、そう願いたい。とにかく前回と同じ失敗だけはしたくない。

Brad set me up with a friend of his, Cindy. We had our first date tonight. She was pretty and seemed very nice, but I don't want to rush into anything. I should find out everything I can about her before falling in love. It hurts less that way, I hope. I just don't want to repeat the same mistake as last time.

● 浮気してるかも？

彼が浮気してる気がする。ここのところ、いつも携帯の電源が切ってあるし、やっと通じたと思ったら電波が悪いとか何とか言ってすぐに切られちゃうし…。なんか怪しいのよねぇ。

I have a feeling that my boyfriend is cheating on me. He's been keeping his cell phone turned off recently. When I finally reach him, he says he's in the fringe area and the reception is not good. Then, I hear the hang-up beeps. Hmm, is something fishy going on???

set 人 up with A で「〜を A と引き合わせる」。hook up ということもあるが、こちらは性的な関係を持つことが強調される。seem は「〜のよう」という意味。これを be 動詞にすると、「〜である」という断言に変わる。seem の後ろには to be が省略されている。rush は「焦る、せかす、急ぐ」などのほかに、「(向こう見ずに)走る、飛びつく」という意味があり、よく rush into 〜「焦って〜する」という形で使われる。find out は「(事実や真相などを) 知る」、fall in love は「恋に落ちる」という意味の熟語。less は「(〜より)より少なく[少ない]」で more の反対語。that way は「その方法なら、そのやり方なら」。ただし、That way, が文頭にくると、「そうすれば、そうすることによって」という意味になる。ここでの mistake は「失敗・過ち」。

I have a feeling (that)＋文. で「〜の気がする、〜だという予感がする」という意味。cheat は「だます」、cheat on 人 の形で用いれば「〜にかくれて浮気する」という意味になる。two-time 人 や have an affair with 人 でも良い。ちなみに、テストで「カンニングする」にも cheat が使われる。He's been keeping his cell phone turned off. は、keep A＋B、「A を B の状態にしておく」に基づくもの。まず、He's been keeping と現在完了を用い、「ずっとこの状態が続いている」ということを表す。ここでの A は cell phone、B は turned off「電源が切ってある」こと。reach は「(電話が) 〜につながる、通じる」。in the fringe area は「電波の悪いところにいる」、the reception is not good は「受信が悪い」、これらをまとめて単に「電波が悪い」と訳してみた。「とか何とか」にあたる英語は書いていないが、流れから日本語には入れてある。hang-up beeps は「(電話を切った時の) プープー」という音。hang up「電話を切る」をハイフンでくっつけて形容詞にし、beeps (ピーピーという音) を付けて表してみた。fishy は「怪しい、疑わしい、まゆつばものの」などといった意味。

第19章 男女間の気持ちを日記に書く

● すぐに意気投合

バーでマークという名前の男性に出会い、すぐに気が合った。いろいろなものの考え方が同じで、好みまですごく似ていた。電話番号とメールアドレスを交換した。これから彼のことをもっと知っていくのが楽しみ！

I met a man named Mark at a bar. We just clicked right away. We have the same views on a lot of things. Besides, our likes and dislikes are very similar. We exchanged our numbers and e-mail addresses. I can't wait to get to know him better.

● 電話しないって決めたのに

1ヶ月前にカートにはもう電話しない、と決めたのに、昨夜、2人で撮った写真を見ていたらどうにも寂しくなり、電話をせずにはいられなくなって、ついかけてしまった。留守電につながったけど、伝言は残さずに切った。寂しさがまだ私の心に残っている。

Last month I decided not to call Kurt any more, but last night I was looking at the pix we took together and that made me miss him a lot. I couldn't keep myself from calling him. I reached his voice mail but hung up without leaving a message. I feel so lonesome.

named ～で「～という名前の」。by the name of ～でも良い。by name だと「名前だけで」という意味で、I know the woman by name.「（面識はありませんが）その女性の名前は聞いたことがあります」というように用いられる。英語で bar と言ったら、ふつうはビールやカクテルなどが飲める店を指す。ここでの click は「気が合う、意気投合する」などといった意味で、特に初めて会った人との間で使う。hit it off という言い方もある。right away は「すぐに」。immediately でも良い。この view は「考え方、意見、見解」という意味。besides は「その上、それに加えて」という意味の副詞で、意見や情報を追加する時に用いられる。最後の s がとれて beside になると「～のそばに」という意味に変わることに注意。likes and dislikes は「好み、好き嫌い」で、日本語と同じなので覚えやすい。常に複数形で用いる。similar は「似ている」という意味だが、形容詞であることに注意。number は～'s とともに用いれば「電話番号」のこと。わざわざ telephone number や phone number と言わなくても良い。get to know 人 better は「～のことをもっとよく知るようになる」。know は「知っている」という状態に重点が置かれているため、これから「知っていく」というような動作に重点を置く場合は、get to know とすれば良い。

decide not to＋動詞の原形で「～しないことにする」。not decide to＋動詞の原形だと「～することを決めない」となり、not の位置によって意味が異なる。否定文で使われる any more は「もうこれ以上～しない」。but の後ろの looking は「見ること」という動名詞。pix は「写真（複数）」という意味のスラングで、pics とつづることもある。単数は a pic。pix の後に関係代名詞の that や which が省略されている。we took together が pix にかかるように訳すと、「2人で撮った写真を見ること」になる。続く主語の that は、looking から together までを指している。この make は「～させる」という意味の使役動詞。この miss は「～が(い)なくて寂しいと思う」。can't keep ～self from ～ing は「～せずにはいられない」という熟語。この reach は「～につながる」、voice mail は「留守番電話サービス」、「個人の留守番電話」なら (answering) machine。hang up は「電話を切る」、leave a message は「伝言を残す」。lonesome は「寂しい」という意味で lonely でも良い。

● 遠距離恋愛は難しい

親友のマイケルから飲みに行こうという電話があった。あまり元気がない様子だったので、いつもの店で彼と待ち合わせた。彼のガールフレンドに新しい土地で男ができたらしく、ふられたことを打ち明けてきた。僕自身も経験したことがあるから、遠距離恋愛が難しいことはよく分かっていると話し、「他にもいい女はたくさんいるよ」と言っておいた。

My buddy, Michael, called me up for drinks. He sounded down in the dumps, so I met him at our usual joint. He confided that his girlfriend dumped him for another guy in her new place. I told him that long distance relationships are so hard to keep going. I've been there myself. I reminded him that there are other fish in the pond.

● 初めてのデートで期待しすぎ？

初デート！ キャサリンと夕食に出かけた。彼女とは共通点がたくさんあり、本当に楽しいひとときだった。食事の後で彼女を家まで送った時、アパートに入れてくれないかなぁと期待していたが、「今夜はどうもありがとう。それじゃ。」と言って車から降りてしまった。女性が別れ際にそう言うのが一番嫌なんだ！

First date! Catherine and I went out to dinner. We had a lot of things in common and had a great time. After dinner I took her home hoping that she would let me in her apartment. But she said, "Thanks for the wonderful evening. Bye." Then she got out of my car. I hate it when women say that!

buddy とは「親友」のことで、男同士で使うのが一般的。呼びかけとしても使われる。「～に電話をする」は call ～ up。up はなくても良い。down in the dumps は「元気がない、しょげた」という意味で、depressed と同じ。joint にはスラングで「人がよく集まる場所」といった意味があり、バーやクラブ、レストランなどを指すことがほとんど。ここでは for drinks という言葉から our usual joint が「僕たちがいつも行く飲み屋」を指していることが分かる。confide in ～で「～に（秘密などを）打ち明ける」。dump はスラングで「（恋人）をふる」という意味。drop や break up も使える。また、jilt（特に婚約している場合）や、leave（特に同棲している場合）でも良いが、いずれもふった側を主語にし、日本語のように「ふられた」というような受動態では表さないという点に注意。in her new place の place は「場所」。明確には述べていないが、city や country などを指している。ここでは「新しい土地」と訳してみた。long distance relationships are の are は、主になる動詞と時制を一致させるのであれば were が正しいが、口語では「いつも変わらない事実」に対しては、現在形を用いることができる。I've been there. は直訳すると「そこへ行ったことがある」だが、この場合の「そこ」は「経験」を指し、「自分にもそういう経験がある」という意味になる。この remind は「～に念のため言う、～に気付かせる」という意味だが、単に「言った」と訳してある。There are other fish in the pond. は、「池には他に魚がいる」、要するに、「女は他にもいる」ということ。

have a lot of things in common で「共通点が多い」。逆に「共通点がまったくない」なら have nothing in common となる。I took her home の後ろの hoping は、「期待しながら」という意味。このタイプの「～しながら」は動詞の ing 形で表せる。hoping の後ろの that は接続詞で「～ということ」という意味。let 人 in は「人を中に入れてあげる」という決まり文句。具体的なお礼は Thank you for the＋名詞（句）、または Thank you for ～ing。文頭の Then は「そして、それから」。get out of～は「～から降りる」という意味で、～には車やタクシーがくる。バスや電車、飛行機などの比較的大きな乗り物の場合は、get off ～になる。I hate it when women say that! の it は、when から that までを表し、「女性がそう言う時」という意味だが、具体的には、「女性がデートの別れ際にそう言って、それ以上の発展がない時」を指している。この it は省略しても良い。

● もう 10 分早ければ

一緒に映画でもどうかなぁと思ってジェニファーに電話してみたら、「今夜はアレックスと用事があるの。もう10分早く電話してくれたら良かったのに…。」と言われた。彼との予定を変更して僕と出かけられないか、もう1度聞いてみたが、無理だと言われた。あ〜、がっかり！

I called Jennifer to see if she was interested in going to a flick with me. She said, "I'm doing something with Alex tonight. I wish you would've called ten minutes earlier." I asked her again if she really couldn't change her plans and go out with me. She said she couldn't. What a bummer!

● 僕の気持ちなんて知る由もないだろう

パーティでマリナ・フローレンスを見かけた。着ていた服がよく似合っていて、とてもセクシーだった。一緒に踊ってもらおうと、勇気を出して声をかけようとしたその瞬間、スティーブが彼女に近づいてダンスを申し込んだ。彼女は笑顔でOKし、僕はかなり気落ちした。その場にいたくなかったので帰ることにしたが、たぶん彼女は僕の気持ちなんて知る由もないだろう。
（ハァ〜）

I saw Marina Florence at the party. She was real sexy in her outfit. Just as I had worked up the nerve to ask her to dance with me, Steve walked up to her and asked her to dance with him. She smiled and said yes. I felt really low. I didn't want to stay there, so I left. But she probably doesn't know my feelings.(sigh) call 人 to see if ＋文で「～かどうか確かめるために人に電話する」。この see は「確かめる、確認する、聞いてみる」、if は「～かどうか」という意味。she was interested の was は called との時制の一致で過去形になっている。be 動詞＋interested in ～は「～に興味がある」という意味であることはおなじみだと思うが、丁寧な誘いの表現としても使われることを覚えておこう。flick は「映画」のこと。film や movie でも良い。「映画(を見)に行く」は go to the movies または go to a movie。この something はあえて訳せば「何か」だが、あまり具体的な内容を言いたくない時や言えない時などに使われる。日本語の「ちょっと」という感じと似ている。I wish you would have＋過去分詞形. は「あなたが～してくれていたら良かったのに…」という、実際には起こらなかった過去の非現実的な希望について、後悔・残念に思う時に用いられる表現。最後から2文目と3文目の couldn't は、主になる動詞の asked と said に時制を一致させ、過去形になっている。What a bummer! は「なんてがっかりなんだ！」という意味。ほかに、My heart sank.「僕の心が沈んだ」→「がっかりした」という表現もある。

第19章　男女間の気持ちを日記に書く

視野に入ってくるような場合は see を使う。よって「見かける」も see で良い。real は形容詞、really は副詞。2文目の real は文法的には really が正しい。outfit は「服一式」のことで、上から下まで、また靴や帽子、アクセサリーなどまでを含めたトータル的な服装、特に女性の服装をいう。work up the nerve to ＋動詞の原形は、「～する勇気を出す」という意味。get up the nerve to＋動詞の原形だと、「思い切って～する」になる。Steve walked up to her の up はなくても良いが、あると何か目的があって歩み寄る、というようなニュアンスを加えることができる。この smile は名詞で「笑顔」のことだが、動詞なら「(声を出さずに)ニコニコする」という意味。ちなみに laugh は「声を出して笑う」、giggle や chuckle は「くすくす笑う」、grin は「にたにたと笑う」こと。low は「気が沈んだ、がっかりした」という意味の形容詞。She probably doesn't know my feelings. は、「彼女はたぶん僕の気持ちを知らないだろう」という意味だが、ショックを受けた感情を表すために、「僕の気持ちなんて知る由もないだろう」と訳してみた。(sigh) は「ため息」という意味。ため息をついている様子を文面上で表している。

● しつこい電話

彼女のしつこい電話に嫌気がさしてきた。仕事中でさえ、しょっちゅう携帯に電話してくる。電話に出なければ怒るし、「切る」と言えば「私のこと、愛していないのねっ」と言う。愛していないとかそんなんじゃなくて、単に四六時中相手をしていられないだけなんだ。どうして分からないのかなぁ！

I'm getting fed up with my girlfriend's persistent calls. She calls me on my cell phone like crazy even when I'm at the office. When I don't answer the phone, she gets mad. When I tell her that I have to go, she tells me that I don't love her. It's not that I don't love her. I just can't keep her company all the time. How come she doesn't get it!

● 嬉しい気持ちを抑えて

今日、電話が鳴った。学校で人気のジュードからで、今週の土曜日に会わないかという誘いだった。わぉ〜！ 何の予定もないことは分かっていたけれど、スケジュールを確認すると言って待ってもらい、まるで大したことではないかのように「空いてるわ」と平静に答えた。心の中では「やったぁ！」という感じだったけど、彼には嬉しさをあらわにしたくなかった。電話を切った後は、土曜日に何を着ていこうか、そのことばかり考えていた。

The phone rang today. It was Jude, one of the hunks in school. He asked me if we could hang out this Saturday. Wow!!! I knew I had nothing planned but I told him that I would check my calendar. Then I said ok calmly, as if it was not a big deal. I just wanted to play it cool, but inside I was like YESSSSSS! After I hung up, all I could think about was what I should wear on Saturday.

be 動詞＋getting＋形容詞で、「〜してきている」という、主語の気持ちや状態が変化している最中であることを表す。（例：I am tired.「疲れている」、I'm getting tired.「疲れてきた」）fed up with 〜は「〜にあきあきする、うんざりする」という意味の熟語で、tired of 〜や sick of 〜と同じような意味。ここでは、「嫌気がさしてきた」と訳してある。2文目の like crazy は、「ものすごく、猛烈に」という意味で、口語でよく使われる。even は「〜でさえ、〜ですら」という意味。「電話に出る」は answer the phone。I have to go.は文字通り、「行かなければならない」、電話でこう言えば「切る」、手紙でなら「ペンを置く」という意味になる。tell her、tells me の後の that は省略可能。It's not (that)＋文. は、話の流れを受け、「〜というわけではない」といった意味でよく使われる。keep 〜's company は「〜の相手をする、〜に同伴する、〜に付き合う」という意味。この company は「同席、付き合い」などの意味で、よく I enjoyed your company.「あなたと話ができて［一緒に行動できて］楽しかったです」という文で用いられる。all the time は「いつも、どんな時でも、四六時中」。get it は「理解する」で understand と同じような意味。how come は why と同じ意味だが、後の語順に注意。How come＋平叙文＝Why＋疑問文になる。

hunk とは「筋肉質でカッコいい男性」。one of the＋複数名詞は「〜のうちの1人、1つ」という意味だが、日本語ではあまり訳さなくても良い。hang out は「（特別何かをするというあてもなく）一緒に時間を過ごす」という意味で、成人が「（友達と）遊ぶ」という感覚に近い。calendar には「予定表」という意味もある。as if＋文で「まるで〜かのように、あたかも〜のように」。not a big deal は「大したことではない、どうってことない」などの意味で、no big deal とすることもある。play it cool は「落ち着いてやる、焦らない」という熟語。特に、わくわくした様子や怒っている様子を他人に知られたくないために、わざと落ち着いてみせるというようなニュアンス。yes には「やったぁ」という意味もある。ここでは実際に発音した時の音と嬉しさを強調するために、すべて大文字で表し、S を重ね、感嘆符を付けてみた。hung up は「電話を切った」という意味で、hang up の過去形。all I could think about was 〜は「私に考えることができた全てのことは〜だった」が直訳だが、「〜しか考えられなかった」という訳の方が自然。about を省略することもある。

第19章　男女間の気持ちを日記に書く

昔の彼女が結婚

約2年ぶりに前の彼女から電話があった。彼女の声を聞いてすごく嬉しくなった。でも来年結婚するということを聞かされた瞬間、言葉につまって、「おめでとう」と言うのがやっとだった。でも本心ではないが…。俺、ずっとあいつのこと愛していたのかなぁ？ 今の彼女のことは愛していないのだろうか。

I got a call from my ex-girlfriend for the first time in almost two years. I got so excited when I heard her voice, but the moment she told me that she would be getting married next year, I got speechless. All I could say was "Congratulations," but I didn't really mean it. I wonder if I've been in love with her all this time. Don't I love my girlfriend?

本音を言えばいいのに

彼女からメッセージが入っていた。「あなたのことは愛してるわ。でも、あなたは私にはもったいないから別れた方がいいと思うの。私のためにあなたの時間を無駄にして欲しくないもの。だからお友達でいましょ。」うそばっかりでアホらしい！ 彼女が僕のことを愛していなかったことや、僕といてもあまり居心地が良くないことぐらい、なんとなく感じていた。こんなくだらない言いわけなんてせずに、はっきりそう言えばいいのに…。まっ、別に悲しくもないから、どうでもいいっか。たぶん、僕も彼女のことを愛していなかったのだろう。

I received a message from my girlfriend. She said, "I love you but I think we should break up because I'm not good enough for you. And I don't want you to waste your time on me. So, let's just be friends." That's bullshit! I kind of felt she didn't love me, and wasn't totally comfortable with me, but all she had to do was just tell me so! She didn't have to make up such a stupid excuse. Well, I guess I'll just forget it since I'm not so depressed anyway. Maybe I didn't really love her, either.

1文目のgotはreceivedと同じ意味。2文目と3文目のgotは形容詞の前に付けて、その状態になる推移を表している。for the first time in ～で「～ぶりに」。almostは「約、ほとんど」という意味でaboutと似ているが、almostは後ろに続く語にもうすぐ達する、という意味合い。例えば、It's almost 5:30.もIt's about 5:30.も「5時半ごろ」と訳せるが、前者は5:25, 5:28など5:30には達していないのが前提。後者は5:25, 5:35など5:30付近であることを示し、「～の前後」という感じ。the moment+文で「～の瞬間」。All I could say was ～は「俺が言えた全てのことは～だった」、ただし、本文では「～と言うのがやっとだった」と訳してみた。「おめでとう」はCongratulations. 最後のsを忘れないように。これは何かを達成した人に対して言うお祝いの言葉なので、花嫁に言うのは失礼という考えもあるが、最近では関係なく使う人が多い。I'm happy for you.「良かったね」という表現も可能。meanは「意味する」の他、「本気でそう思う」という意味もある。「今の彼女」は、単にmy girlfriendで良い。「現在の」を表すpresentやcurrentを加えることもできるが、前の彼女をex-girlfriendと言うわけだから、何も付かなければ「今の彼女」になる。

I'm not good enough for you.は「私はあなたにとって十分良いわけではない」、これで「あなたは私にはもったいない」が表せる。wasteは「～を無駄にする」。That's bullshit!は「うそばかり」「たわごと言うな」「くだらない」「アホらしい」などの意味。英語は日本語よりもきついので、避けた方が良い。I was dumbfounded.「あぜんとしてしまった」ぐらいなら問題ない。I kind of felt (that)+文. は「～ということは、なんとなく感じていた[気付いていた]」という意味。6文目のtotallyは「完全に、まったく」で、ここではreallyやcompletelyと置き換え可能。make upにはいくつか意味があるが、ここでは「(話などを)でっち上げる」という意味。suchは今言ったこと、人、物、性質などを指して「そんな、このような、ああいう」などを表す。stupidは「ばかげた、くだらない」だが、人に対して使うと「ばかな、まぬけな」というかなりきつい意味になる。excuseは「言いわけ」で[イクスキュース]と読む。forget itは「それを忘れる」→「気にかけない」、文末のanywayは「どうせ～だから」という感じ。文の最後に付ける, eitherは否定文で使う「～も(…でない)」という意味。

微妙な三角関係

放課後、ジェロームが私のところへやって来て、少し時間があるか聞いてきたので、一緒に芝生に座ると「ずっと好きだった」、そう告白された。突然のことだったのですごくびっくりした。彼とはいい友達で、それ以上でもそれ以下でもないと思っていたし、それに私は彼の友達のニコラスに恋しているし…。もちろん、そんなことは言えなかったけど…。言葉を失ってしまい、沈黙で気まずい雰囲気になったので、「もう行かないと」と言ってその場を立ち去った。あ〜、どうしたらいいの？

After school, Jerome came up to me and asked me if I had a minute. I said yes and we sat down on the lawn. He confessed that he has always liked me, which took me completely by surprise. I thought we were really good friends, nothing more, nothing less. Besides, I'm in love with his friend, Nicolas, of course I couldn't say that though. I was at a loss for words. The silence was awkward, so I said I had to go and left. Oh, God! What should I do?

came up to me の up はなくても良いが、あると単に「来た」のではなく「何か目的があって、こっちに向かって来た」というニュアンスが出せる。a minute は「少しの時間」という意味で、別にきっちり「1分」とは限らない。minute を moment と置き換えても良い。Do you have a minute?「少し時間ある？」という表現で使われるのが一般的。実際、ジェロームもそう言ったのだが、ここでは引用符を用いない間接話法に書き換えているので、have を had にして、主となる動詞に時制を一致させている。lawn は「芝生」のこと。He said he has always liked me の has liked は、現在でも好きだという事実が存在するので、現在完了形のままで良い。confess は「告白する、打ち明ける」という意味。take 人 by surprise は「～の不意をつく、～を驚かせる」で、completely「すごく、完全に」が挿入されている。I thought we were... の were も時制の一致で過去形になっているが、今でもいい友達であることに変わりはないので、口語では are も可能。thought の後ろには接続詞の that が省略されている。at a loss for words で「言葉を失って、あぜんとして」という意味の熟語。speechless でも良い。The silence was awkward. は「沈黙できまりが悪かった」が直訳だが、「沈黙で気まずい雰囲気になった」と意訳してある。I said I had to go and left. の had to も時制の一致で過去形になっている。said の後ろには接続詞の that が、and の後ろには主語の I が省略されている。Oh, God! は驚いた時、怖い時、不快な時、腹立たしい時などに用いられるフレーズ。God! だけや My God! と言うこともあるが、神という言葉を軽率に用いるのは良くないとする考えを持つ人は、My goodness! や My Gosh! などを好む。What should I do? は自分への問いかけで「どうしよう…」という意味。

第19章　男女間の気持ちを日記に書く

● 話し合いで仲直り

夜、彼氏とちょっとケンカした。ケンカするほどのことでもないことは分かっていたけど、なんだか気分が悪くて彼とは話をしたくなかった。2、3時間経って彼がこう言った。「ねぇ、こんな気持ちのまま寝るのは良くないよ。話をしよう。それで仲直りできれば一番いいし、仮に仲直りできなくても、それはそれで仕方がない。でも、せめて話し合いをするべきだよ。」そう言われて心に思っていたことをすべて話すと、彼は理解し、「おいで」と言って強く抱きしめてくれた。涙がポロポロと流れた。そして、お互いに見つめ合い、キスをして仲直りした。気分がスッキリした。話し合いをして本当に良かったと思う。

I had a little fight with my boyfriend tonight. I knew it was something that wasn't worth fighting over, but I was upset and didn't want to talk to him. After a few hours, he said, "Listen, we can't go to bed angry. We've got to talk. If we can get along, that's great. If we can't, that's that. But at least we should talk." So, I got it off my chest. He understood and said, "Come here, Sweet." and hugged me tightly. Tears rolled down my cheeks. We looked into each other's eyes and kissed, then made up. I felt much better. I'm really glad that we talked.

fight は「ケンカ」のこと。殴り合いや取っ組み合いのケンカを指すのが一般的だが、口語では「口ゲンカ」として用いられる。「～のことで」というケンカの理由は over ～で表す。argument や quarrel は「言い争いのケンカ」のこと。2文目の knew の後ろに接続詞の that が省略。something の後の that は、省略できない関係代名詞。not worth fighting over で「ケンカするに値しない」。over が続く理由は、it がケンカの原因を指し、そのことでと over が it にかかるような文の組み立てだからである。upset は「（嫌な出来事の後で）気分が悪い、腹立たしい、がっかりした、気落ちした、残念な」など、幅広い意味を持つ形容詞。話の切り出しとして使われる Listen は、「ねぇ、ほら、あのさぁ」などの意味。Look でも良い。We can't go to bed angry.は「怒ったまま寝ることはできない」が直訳。要するに、「気分が悪いまま寝るのは良くない」ということ。We've got to の 've got to は have to と同じで、「～しなければならない」という意味。ここでは「～するべきだと思う」という話し手の強い意見。get along は「仲良くやっていく、うまくやる」という熟語。get along well ということもある。If we can't の後ろには get along が省略。that's that は「それはそれ（で仕方がない）」。at least は「せめて、少なくとも」。get it off ~'s chest は「そのことを話して心の重みをとる」という熟語。sweet は愛する人を指す言葉。日本語の「あなた、君」に当たるが、文化的な違いから、日本語にうまく訳せない。ほかに、sweetheart, sweetie, honey, darling, love, baby, dear, sugar, pumpkin…など数多い。hug は「～を抱きしめる」という意味。embrace や hold も同じ。Tears rolled down my cheeks.は、tears に s が付いているので「涙がポロポロ」と訳したが、a tear なら「涙が1粒」になる。roll down は「流れ落ちる」。訳には「私の頬を」という言葉は省略してあるが、英語では my cheeks を入れて言うのがふつう。全体的に詩のような表現をしてみたが、単に I cried. としても良い。熟語としての look into ~には「～を調べる」という意味があるが、ここでは文字通り、お互いの目の奥の中へ入っていくように見る、つまり「見つめる」という意味。make up には様々な意味があるが、ここでは「仲直りする」。feel better は「気分が良くなる」という意味で、悩みや心配事が解決した時、体調が良くなった時のいずれにも使われる。「だいぶ、かなり」という強調語は much。最後の文の that は省略可能。

第20章　ことわざを取り入れて日記を書く

● 十人十色　It takes all kinds to make the world go around.

チベットでは食後に皿をなめる習慣があることを聞いた。最初は動物みたいだと思ったけど、国によってまったく習慣が違うんだなぁと感じた。

I heard that it's a custom in Tibet to lick your plate after eating. At first I thought it's like animals, but I guess it takes all kinds to make the world go around.

● 馬子にも衣装　Clothes make the woman [man].

トレイシーが結婚式の写真を見せてくれた。いつもはトレーナーにだぶだぶのパンツをはいていて、とてもきれいとは程遠い彼女だが、ウエディングドレス姿は本当にきれいだった。「馬子にも衣装」とはこのことだと思った。

Tracy showed me some pictures of her wedding. She usually wears a sweat shirt & pants, and she's far from pretty. But she looked really beautiful in her wedding dress. I guess clothes do make the woman.

● 便りのないのはよい便り　No news is good news.

息子が東京で一人暮らしを始めて約1ヶ月が経つ。うまくやっているかどうか心配だが、「便りのないのはよい便り」と言うぐらいだから、楽しくやっていることだろう。

It's been about a month since our son moved to Tokyo and started living alone. We are worried about whether he is doing all right. But I guess he's having fun. They say no news is good news.

It is a custom in＋場所＋to＋動詞の原形. は「場所では〜するのが習慣」という意味。custom は社会的な習慣やしきたりのこと。個人特有の癖なら、人 have a habit of 〜ing.「人には〜する癖がある」で表す。Tibet は「チベット」。lick は「〜をなめる」、続く your は一般の人を指しているので訳さなくて良い。「十人十色」は、It takes all kinds of people to make the world. や Different strokes for different folks. また So many men, so many minds. などと言うこともある。最後の文は、本文で意味する「十人十色」を、内容で訳してみた。

sweat shirt は「トレーナー」、sweat pants は「スエットパンツ」のこと。pants の前の sweat は1つ目でカバーできるので省略されている。far from … で「〜とは程遠い」という意味。「馬子にも衣装」は Clothes make the woman [man].と言い、対象人物が女性なら woman、男性なら man にする。本文では、「衣装で本当に印象が変わる」という事実を強調するため、make の前に do が入っている。

It's been 期間 since 過去の文. で「過去の文して以来、期間が経つ」という意味。この It's は It has の短縮形。move は「引っ越す」。worried about whether ＋文は「〜かどうか心配である」という意味。do all right は「うまくやる、問題なくやる」といった意味。have fun は「楽しくやる」という意味。They say の They は一般の人を指すもので、訳す必要はない。1文目と2文目の代名詞が our と We になっているが、これは夫婦の意見として述べているからである。ここでの news は「便り、消息」という意味。

● 覆水盆に返らず　It's no use crying over spilt milk.

コンピュータのキーを押し間違えて、10ページ分の作文を失ってしまった。ちくしょう！自分のしたことが信じられず、泣きたい気分だったが、消してしまったものは仕方がないので、全て打ち直した。

I lost about 10 pages of a composition by hitting a wrong key on my computer. Shit! I couldn't believe what I did and I felt like crying. But it's no use crying over spilt milk, so I retyped everything.

● 人は見かけによらぬもの　You can't tell a book by its cover.

友達とサーフィンに行った。マットが友達を1人連れて来ていた。あまり言いたくないが、その友達はちょっとバカそうだった。ところが、後になって彼が秀才で、しかもすごいサーファーであることが分かり、人は見かけによらないものだなぁと思った。

I went surfing with some friends. Matt brought one of his friends. I hate to say it, but the friend was sort of dumb-looking. But it turned out that he is a real brain and quite a surfer. Wow, you really can't tell a book by its cover!

● 言うは易し行うは難し　Easier said than done.

どうしてもステレオが買いたくて、お母さんに3万5千円貸してくれるか聞いてみると、「1日百円ずつ貯めていけば、1年後には3万5千円以上になるわよ。」と言われた。確かにそうなんだけど、実際は口で言うほど簡単なことじゃないよ。

I really want to buy a boom box, so I asked my mom if she could loan me 35,000 yen. She said, "All you have to do is save 100 yen a day. You'll save more than 35,000 yen in a year." I know she's right, but that's easier said than done.

lose は「失う」、composition は「作文」、by hitting a wrong key で「間違ったキーを押すことによって」。Shit! は「ちくしょう！」という意味で、男性がよく使う言葉。ただし、かなり下品なので、あまり使わない方が良い。what I did は「自分がしたこと」。feel like ~ing は「~したい気分」。It's no use crying over spilt milk.は、「こぼれてしまったミルクに泣いても（もとには戻らないのだから）無駄だ」ということ。spilt は spilled でも良い。ここでは、ことわざを直訳せず、「消してしまったものは仕方がない」という内容で訳してみた。retype は「~を打ち直す」。動詞の前に re を付けると「再び」を表せる。

go surfing で「サーフィンに行く」。あまり好ましくない内容を伝えなければならない時の前置きとして使えるのが、I hate to say it, but で「あまり言いたくないが」。sort of は「少し、なんだか」で、kind of と置き換え可能。dumb は「バカな」。It turned out (that)＋文.で「~だということが分かった」。brain はもともと「脳」という意味だが、転じて「秀才、知識人」を意味する。quite a＋名詞は「大した~、なかなかの~」。You can't tell a book by its cover.は、「表紙を見ただけでは、本の中身は判断できない」ということ。本文では really を加えて強調している。ほかに、Appearances are deceiving.や You can't judge by appearances.という言い方もできる。

boom box はスラングで「大型のポータブルステレオ」のこと。「お金を貸す」場合は、loan や lend を用いる。これは「無料で物を貸す」場合にも使える。「借りる」場合は borrow。有料の場合は rent になるが、これは「貸す」と「借りる」両方の意味があるので、これらを区別するために、「貸す」場合は rent out とすることが多い。all you have to do is＋動詞の原形で「あなたがしなければならない全てのことは~。」という意味。つまり、「~しかしなくて良い」という、その内容の単純さを強調した表現。have to を need to にしても良い。ここでの save は「貯蓄する」という意味。I know she's right.は「彼女が正しいことは分かっている」というのが直訳。このことわざは、「実際にするより口で言う方が簡単」というのが直訳だが、「口で言うほど楽じゃない」と訳してみた。見出しは Easier の前に It is が省略された形。

第20章 ことわざを取り入れて日記を書く

● 急(いそ)がば回(まわ)れ　Haste makes waste.

看板に「この先工事あり」と出ていたので、渋滞を避けようとほかの道へ回ったが、迷ってしまって、結局もとの道へ戻る羽目になった。おかげで会議に遅れてしまい、急ぐとかえって遅くなるというのがよく分かった。

The sign on the road said "Construction Ahead," so I tried to avoid the congestion by taking another road. But I got lost and ended up coming back to the road I had been on. Haste makes waste because I was late for my meeting.

● 蓼(たで)食(く)う虫(むし)も好(す)き好(ず)き　There's no accounting for tastes.

レイチェルがやっと彼氏に会わせてくれた。いつも彼のことをのろけているから、すごく楽しみにしていたのに、実際に会ってとてもびっくりした。つまようじみたいにガリガリで、貝みたいに無口、それにあまり紳士という感じでもなく、私の想像とは全然違っていた。まぁ、彼女が幸せならそれでいいけど…。いずれにしても、人の好みは分からないものだわ。

Rachel finally let me meet her new boyfriend. She always plays him up, so I was very eager to meet him. But when I saw him, I was completely stunned. He was as skinny as a toothpick, as quiet as a clam, and wasn't much of a gentleman. Very different from my expectations! Well, if she's happy, that's all it matters. Anyway, there's no accounting for tastes, I guess!

sign は「看板」。signboard でも良い。construction は「工事」。看板には "Under Construction"「工事中」、"Men working" または "Men at Work"「作業中」と書いてあることが多い。avoid は「～を避ける」、congestion は「混雑」。「渋滞」は traffic congestion だが、ここでは文脈から判断できるので、省略してある。by taking another road は「ほかの道を使うことで」という意味。ちなみに、「迂回する」は take a detour や make a detour と言う。get lost は「道に迷う」。get を be 動詞に変えると「道に迷っている」という状態になる。end up ～ing は「結局～することになる」。the road I had been on で「元いた道」という意味。the road の後に that や which という関係代名詞が省略されている。「ほかへ回った道」と「元いた道」を区別するため、古い過去に当たる「元いた道」を過去完了で表してある。Haste makes waste. は、「急ぐと無駄なことになる」ということ。「急いては事を仕損じる」もこの表現で良い。because には、口語的で「～するところを見ると」という、判断の根拠を示す意味もある。

play up は「大げさに言って実際より良く見せる」という意味。これに人を加えると「～のことをのろける」という意味になる。eager to＋動詞の原形は「しきりに～したがる」という意味だが、ここでは「すごく楽しみにする」というような訳にしてある。stunned は「あぜんとした、とてもびっくりした」という意味の形容詞。completely が stunned をさらに強調している。as 形容詞 as a 名詞 は「名詞のように形容詞」で、形容詞の特徴が出ている名詞を用い、その人がどれだけ形容詞であるのかを示すことができる。ここでは「つまようじ」で「細さ」を表し、「貝」で「無口さ」を表している。前の文の続きということで判断できるため、Very different の前の He was は省略。that's all it matters は「重要なのはそれだけ、それが一番のこと」という意味。ここでは、「彼女が幸せであることだけが重要であり、彼の容姿などについてはどうでも良い」というようなニュアンスから、「それならそれでいいけど」と訳してある。There's no accounting for tastes. は、「人の好みは説明できない」ということ。

● 類は友を呼ぶ　Birds of a feather flock together.

美和子さんのパーティへみのりさんと行った。曽我さん、山本さん、山谷さん、尾崎さん夫妻など、今まで会ったことのない美和子さんの友達10人ぐらいに会った。みんなユーモアたっぷりの、本当に気さくな人ばかりで、すぐに意気投合した。確かに、類は友を呼ぶものだ。

I went to Miwako's party with Minori. I met about 10 of Miwako's friends for the first time—Mr. Soga, Mr. Yamamoto, Ms. Yamaya, and Mr. and Mrs. Ozaki, etc. They were really friendly with a great sense of humor. We hit it off right away. Yes, birds of a feather do flock together.

● 意志あるところ道あり　Where there's a will, there's a way.

ダイアンから嬉しい知らせがあった。来年、ブロードウェイでダンサーとしてデビューすることが決まったらしい。子供の頃からブロードウェイで踊ることを夢見ていた彼女だけど、やっとその夢が実現することになった。どんな時も決してあきらめることはなかった彼女が、意志さえあれば道は開ける、ということを証明してくれた。

Diane had some great news. She's going to make a debut as a dancer on Broadway next year. She's had this dream of dancing on Broadway since she was a child, and she is finally making that dream come true. She's had ups and downs but never gave up. She proved that where there's a will, there's a way.

2 文目は「美和子さんの友達 10 人ぐらいに初めて会った」というのが直訳だが、本文では「今まで会ったことのない美和子さんの友達 10 人ぐらい」としてある。friendly は「気さくな、親しみやすい」という形容詞。with a great sense of humor は「すばらしいユーモア感を持った」。hit it off は「意気投合する」、right away は「すぐに」という意味。hit it off の代わりに、make friends with them「彼らと友達になる」と表現しても良い。最後の文の Yes, は、これから言おうとする内容が納得できるものである時の前置き。Birds of a feather flock together. は、「同じ羽を持つ鳥は群れをなす」ということ。これは「同じ穴のムジナ」と訳すこともできる。本文には、「似たもの同士は本当に集まるものだ」という事実を強調するため、flock の前に do が入っている。

ここでの news は「知らせ」のこと。news は数えられない名詞なので、a や es は付かない。2 文目の She's は She is の短縮形。make a debut で「デビューする」。3 文目の She's は She has の短縮形で、「〜以来ずっと…」という継続を表している。make that dream come true で「その夢を実現する」という意味。a dream come true で、「夢のような話、希望」という意味の名詞として使われることもある。4 文目の She's は She has の短縮形で、「〜したことがある」という経験を表す。ups and downs は「浮き沈み」のこと。「楽しいことと辛いこと」、「良い時と悪い時」などという意味から、「どんな時も」「くじけそうになった時も」という意味になる。give up は「あきらめる」。prove は「証明する、立証する」。ちなみに「証明、証拠」という名詞は proof。Where there's a will, there's a way. は「意志ある所に道あり」「精神一到何事か成らざらん」という意味。この will は「意志」。

● 一寸先は闇(いっすんさきはやみ)　You never know what tomorrow might bring.

近所の人がトラックにひかれてしまった。かなりの重傷で、おそらく植物人間になってしまうだろうとのことだった。とても残念でならない。彼女はまだ若いし、性格も良く、外見も素敵な子だったのに…。しかも最近ビューティ・コンテストで優勝したばかりだった。何が起こるか分からないものだなぁと思った。

My neighbor was run over by a truck. They say she is seriously injured, and will probably be left a vegetable. How sad! She was still young and beautiful inside & out. And she recently won a beauty contest. You never know what tomorrow might bring.

● 最後までどうなるか分(さいごまでどうなるかわ)からない　The opera ain't over till the fat lady sings.

おじいちゃんとコメリカ球場へ野球を観に行った。デトロイト・タイガース対ピッツバーグ・パイレーツの試合だった。8回裏の時点でパイレーツに3点差で負けていたので、大勢の人があきらめて帰ってしまったが、9回にボビーが満塁ホームランを打ってサヨナラ勝ちした。本当にいい試合だった。それにしても、勝負は最後の最後までどうなるか分からないものだなぁと思った。

I went to a ball game at Comerica Park with my grandpa. It was the Detroit Tigers against the Pittsburgh Pirates. In the bottom of the eighth inning, we were three runs behind the Pirates, so a lot of people gave up and left. But in the ninth, Bobby hit a grand slam and we got the come-from-behind victory. It sure was a fantastic game! The opera ain't over till the fat lady sings, they say!

be 動詞＋run over で「（車に）ひかれる」という意味。run over の代わりに hit を用いても良い。seriously injured は「重傷で」という意味。「重症で」なら seriously sick。2 文目の後半の（She）will probably be left a vegetable. だが、この be left は「（結果として）〜の状態にされる」という受け身。「植物人間」は vegetable、または human vegetable と言う。beautiful inside & out は「中身も外見も美しい」で、この inside は性格、out は外見を指している。You never know what tomorrow might bring. は、「明日何が起こるか分からない」ということ。悪いことだけでなく、良いことに対しても使える。この You は一般的な意見を述べる場合に使われるもので、特に訳す必要はない。

ball game は baseball game のこと。チーム名を用いた「〜対〜」は、〜 against 〜、野球の「1 回、2 回」などは、序数詞（1st、2nd、3rd、4th…）と inning で表し、各回の「表」「裏」は top と bottom で表す。続く主語が we になっているが、これはタイガースを指している。試合などでは、実際に自分がプレーしていなくても応援しているチームに自分を含めて we とするのが一般的。これを the Tigers としてしまうと、「応援している」というニュアンスに欠ける。three runs behind は「3 点遅れている」、つまり「3 点差で負けている」ということ。But in the ninth の後ろに inning が省略。hit a grand slam で「満塁ホームランを打つ」。come-from-behind は、スポーツで使われる「逆転の」という意味。victory が続いて「逆転勝利」となる。野球では「サヨナラ勝ち」と訳せば良いだろう。victory を homer と置き換えると、「サヨナラホームラン」になる。The opera ain't over till the fat lady sings. は、「太った女性が出てくるまでは、オペラは終わりではない」が直訳。これで、「（勝負は）最後の最後までどうなるか分からない」という意味。分かりづらいかもしれないが、この fat lady とは「オペラで最後に出てきて歌うふくよかな女性ソロ歌手」のこと。親に連れられてオペラに来た子供が、いつオペラが終わるのかと尋ねた際、"Not till the fat lady sings." と言われたことが由来らしい。ちなみに ain't は isn't、aren't、am not などの否定語をカバーできる否定語。文法的に正しくはないが、このことわざでは慣用的に使われる。

Part 3
日記に使える単語集

● **家族・親戚**（冠詞なしの単数形で記載）

父	father
お父さん	dad
母	mother
お母さん	mom
親	parent（両親は parents）
祖父	grandfather
おじいちゃん	grandpa
祖母	grandmother
おばあちゃん	grandma
曾祖父	great-grandfather
ひいおじいちゃん	great-grandpa
曾祖母	great-grandmother
ひいおばあちゃん	great-grandma
兄弟／姉妹	sibling（男女を区別しない語）
兄	older brother／elder brother／big brother
姉	older sister／elder sister／big sister
弟	younger brother／little brother
妹	younger sister／little sister

＊ 英語では、兄と弟、姉と妹という年齢的な区別をあまりしないので、単にbrother や sister だけでも十分。

夫、旦那、主人	husband
妻、家内、奥さん	wife
子供	child／kid（複数は children／kids）
息子	son

娘	daughter
孫	grandchild／grandkid（複数は grandchildren／grandkids）
孫息子(まごむすこ)	grandson
孫娘(まごむすめ)	granddaughter
曾孫(ひまご)	great-grandchild／great-grandkid（複数は great-grandchildren／great-grandkids）
曾孫息子(ひまごむすこ)	great-grandson
曾孫娘(ひまごむすめ)	great-granddaughter
伯父／叔父(おじ／おじ)	uncle
伯母／叔母(おば／おば)	aunt
いとこ	cousin
はとこ	(second) cousin
甥(おい)	nephew
姪(めい)	niece
義理の父	father-in-law
義理の母	mother-in-law
義理の息子	son-in-law
義理の娘	daughter-in-law
義理の兄弟(きょうだい)	brother-in-law
義理の姉妹(しまい)	sister-in-law
まま親	stepparent
継父／まま父(けいふ)	stepfather／stepdad
継母／まま母(けいぼ)	stepmother／stepmom
まま子	stepchild（複数は stepchildren）

日記に使える単語集

まま子（息子）	stepson
まま子（娘）	stepdaughter
異母[異父]兄弟	stepbrother
異母[異父]姉妹	stepsister
双子（ふたご）	twins
三つ子	triplets
四つ子	quadruplets
五つ子	quintuplets
婚約者（男）	fiancé
婚約者（女）	fiancée

● 星座

やぎ座	Capricorn
みずがめ座	Aquarius
うお座	Pisces
おひつじ座	Aries
おうし座	Taurus
ふたご座	Gemini
かに座	Cancer
しし座	Leo
おとめ座	Virgo
てんびん座	Libra
さそり座	Scorpio
いて座	Sagittarius

● 誕生石

1月	ガーネット	garnet
2月	アメジスト	amethyst
3月	アクアマリン	aquamarine
4月	ダイヤモンド	diamond
5月	エメラルド	emerald
6月	真珠(しんじゅ)	pearl
7月	ルビー	ruby
8月	ペリドット	peridot
9月	サファイア	sapphire
10月	オパール	opal
	トルマリン	tourmaline
11月	トパーズ	topaz
12月	トルコ石	turquoise
	ジルコン	zircon

● 教科・学科 （冠詞は省略）

国語	Japanese language
現代国語	modern Japanese
文学	literature
古文(こぶん)	Japanese classics
漢文(かんぶん)	Chinese classics
英語	English
現代英語	modern English
商業英語	business English
英文学	English literature

英会話	English conversation／oral communication in English
スペイン語	Spanish
フランス語	French
ドイツ語	German
ポルトガル語	Portuguese
ベトナム語	Vietnamese
ロシア語	Russian
韓国語	Korean
中国語	Mandarin Chinese（北京語） Cantonese Chinese（広東語）
言語学	linguistics
算数	arithmetic
数学	mathematics／math（短縮形）
代数（だいすう）	algebra
幾何（きか）	geometry
微分（びぶん）	differential calculus
積分（せきぶん）	integral calculus
理科	science
物理学（ぶつり）	physics
生物学（せいぶつ）	biology
化学	chemistry
生化学（せいか）	biochemistry
生理学（せいり）	physiology
自然科学	natural science

社会科	social studies
社会学	sociology
地理	geography
日本地理	Japanese geography
世界地理	world geography
歴史	history
日本史	Japanese history
世界史	world history
政治	political science／politics
経済	economics
商法	commercial law
刑法	criminal law
民法	civil law
税法	tax law
憲法	constitution
道徳	moral education
倫理(りんり)	ethics
音楽	music
体育	P.E.／physical education
保健体育	health and physical education
保健	health
図工（図画工作）	drawing and manual arts
絵画	painting
美術	fine arts
美術工芸	arts and crafts

家庭科	domestic science／home economics
技術家庭	industrial arts and homemaking
マーケティング	marketing
商業	trade and industry
簿記(ぼき)	bookkeeping
経営学	business administration
経営工学	management engineering
会計学	accounting
財政学	finance
コンピュータ科学	computer science
情報科学	information science
工学	engineering
電子工学	electronic engineering／electronics
機械工学	mechanical engineering
法学	law
農学	agriculture
建築学	architecture
考古学(こうこ)	arch(a)eology
医学	medical science／medicine
解剖学(かいぼう)	anatomy
人類学	anthropology
心理学	psychology
哲学	philosophy
天文学	astronomy
環境学	environmental studies

| 環境科学 | environmental science |
| 環境生物学 | environmental biology |

● 国名・国民 （略式名称で記載） ＊あいうえお順

国民は形容詞を用いる場合と名詞を用いる場合の2通りある。
（例）「彼はカナダ人です。」は、He is Canadian.（形） He is a Canadian.（名）
　　　「彼はトルコ人です。」は、He is Turkish.（形）　He is a Turk.（名）
次のリストでは、形容詞と名詞の形が異なる場合のみ（形）（名）と表記する。何も書いてない場合は同形であることを示す。

	国名	国民
アイスランド	Iceland	Icelandic（形）
		Icelander（名）
アイルランド	Ireland	Irish
アフガニスタン	Afghanistan	Afghan
アメリカ	America	American
アルジェリア	Algeria	Algerian
アルゼンチン	Argentina	Argentine（形、名）
		Argentinian（形、名）
イギリス（英国）	(Great) Britain	British（形）
	(the United Kingdom)	Brit（名）
イングランド	England	English
ウェールズ	Wales	Welsh
スコットランド	Scotland	Scottish（形）
		Scot（名）
北アイルランド	Northern Ireland	Northern Irish

イスラエル	Israel	Israeli
イタリア	Italy	Italian
イラク	Iraq	Iraqi
イラン	Iran	Iranian
インド	India	Indian
インドネシア	Indonesia	Indonesian
ウクライナ	the Ukraine	Ukrainian
ウルグアイ	Uruguay	Uruguayan
エクアドル	Ecuador	Ecuadorian
エジプト	Egypt	Egyptian
エチオピア	Ethiopia	Ethiopian
オーストラリア	Australia	Australian
オーストリア	Austria	Austrian
オランダ	the Netherlands Holland（俗称）	Dutch
ガーナ	Ghana	Ghanaian
カナダ	Canada	Canadian
韓国	Korea	Korean
カンボジア	Cambodia	Cambodian
北朝鮮	North Korea	North Korean
ギニア	Guinea	Guinean
キューバ	Cuba	Cuban
ギリシャ	Greece	Greek
グアテマラ	Guatemala	Guatemalan
クウェート	Kuwait	Kuwaiti

ケニア	Kenya	Kenyan
コスタリカ	Costa Rica	Costa Rican
コロンビア	Colombia	Colombian
サウジアラビア	Saudi Arabia	Saudi Arabian
ザンビア	Zambia	Zambian
ジャマイカ	Jamaica	Jamaican
シンガポール	Singapore	Singaporean
スイス	Switzerland	Swiss
スウェーデン	Sweden	Swedish（形）
		Swede（名）
スペイン	Spain	Spanish（形）
		Spaniard（名）
スリランカ	Sri Lanka	Sri Lankan
スロバキア	Slovakia	Slovakian（形）
		Slovak（名）
スロベニア	Slovenia	Slovenian（形）
		Slovene（名）
セネガル	Senegal	Senegalese
タイ	Thailand	Thai
タンザニア	Tanzania	Tanzanian
中国	China	Chinese
チュニジア	Tunisia	Tunisian
チリ	Chile	Chilean
デンマーク	Denmark	Danish（形）
		Dane（名）

日記に使える単語集

ドイツ	Germany	German
ドミニカ	Dominica	Dominican
トルコ	Turkey	Turkish（形）
		Turk（名）
ナイジェリア	Nigeria	Nigerian
日本	Japan	Japanese
ニュージーランド	New Zealand	New Zealand（形）
		New Zealander（名）
ネパール	Nepal	Nepalese（形）
		Nepali（名）
ノルウェー	Norway	Norwegian
パキスタン	Pakistan	Pakistani
バハマ	the Bahamas	Bahamian
パプアニューギニア	Papua New Guinea	Papuan
パラグアイ	Paraguay	Paraguayan
ハンガリー	Hungary	Hungarian
バングラディシュ	Bangladesh	Bangladeshi
フィジー	Fiji	Fijian
フィリピン	the Philippines	Philippine（形）
		Filipino（名）
		＊女性にはFilipinaを用いることもある。
フィンランド	Finland	Finnish（形）
		Finn（名）
ブラジル	Brazil	Brazilian
フランス	France	French

ブルガリア	Bulgaria	Bulgarian
ベトナム	Vietnam	Vietnamese
ベネズエラ	Venezuela	Venezuelan
ペルー	Peru	Peruvian
ベルギー	Belgium	Belgian
ポーランド	Poland	Polish（形）
		Pole（名）
ボリビア	Bolivia	Bolivian
ポルトガル	Portugal	Portuguese
マレーシア	Malaysia	Malaysian
ミクロネシア	Micronesia	Micronesian
南アフリカ	South Africa	South African
メキシコ	Mexico	Mexican
モナコ	Monaco	Monegasque
モロッコ	Morocco	Moroccan
モンゴル	Mongolia	Mongolian（形）
		Mongol（名）
ヨルダン	Jordan	Jordanian
ラオス	Laos	Laotian
リトアニア	Lithuania	Lithuanian
リビア	Libya	Libyan
ルーマニア	Romania	Romanian
レバノン	Lebanon	Lebanese
ロシア	Russia	Russian

日記に使える単語集

● **自動車の部分名称** （冠詞なしの単数形で記載） ＊あいうえお順

自動車の部分名称については、アメリカとイギリスで異なるものが多い。ここではアメリカ式で表示してある。

アクセル	gas（pedal）／accelerator
ウインカー	turn signal／blinker
運転席	driver's seat
ガスゲージ	gas gauge
ガスタンク	gas tank
ギア	gear shift
クラクション	horn
クラッチ	clutch（pedal）
サイドブレーキ	emergency brake／handbrake
サンルーフ	sunroof
シートベルト	seat belt
車輪	wheel
助手席	passenger seat
スピードメーター	speedometer
タイヤ	tire
タコメーター	tachometer
ダッシュボード	dashboard
テールライト	taillight
ドア	door
ドアハンドル	door handle
ドアミラー	side mirror
トランク	trunk

泥よけ	splashguard／mudflap
ナンバープレート	license plate
ハザードランプ	hazard light／parking light
バックミラー	rearview mirror
ハンドル	steering wheel
バンパー	bumper
フェンダー	fender
フェンダーミラー	fender mirror
ブレーキ	brake（pedal）
フロントガラス	windshield
ヘッドライト	headlight
ホイールキャップ	hubcap
ボンネット	hood
ワイパー	windshield wiper

● **野菜・芋(いも)・穀物(こくるい)**（冠詞なしの単数形で記載）＊あいうえお順

赤カブ	red beet（サラダ用）
アスパラガス	asparagus
枝豆	green soybean
えのきだけ	*enoki* mushroom
オクラ	okra
かいわれ大根	white radish sprouts（通例複数形）
かぶ	Japanese turnip
かぼちゃ	pumpkin
カリフラワー	cauliflower

日記に使える単語集

キャベツ	cabbage
きゅうり	cucumber
ごぼう	burdock（root）（西洋人はあまり食べない）
サツマイモ	yam／sweet potato
サトイモ	taro（root）
サニーレタス	red leaf lettuce
さやいんげん	kidney bean／green bean
さやえんどう	snow pea／garden pea
しいたけ	*shiitake* mushroom
しそ	perilla（西洋ではあまり食べない）
ジャガイモ	potato
春菊（しゅんぎく）	crown daisy
ショウガ	ginger
すいか	watermelon
セロリ	celery
ぜんまい	royal fern
大根	radish
大豆（だいず）	soybean
たけのこ	bamboo shoot
たまねぎ	onion
チンゲン菜	Chinese rape（plant）
とうもろこし	corn
トマト	tomato
長いも	Chinese yam
長ネギ	Japanese leek／green onion

なす	eggplant
なめこ	*nameko* mushroom
にら	*nira* leek／Oriental garlic
ニンジン	carrot
にんにく	garlic
ねぎ	green onion
白菜(はくさい)	Chinese cabbage
パセリ	parsley
ピーマン	green pepper
ふき	butterbur
ふきのとう	butterbur flower stalk
プチトマト	cherry tomato
ブロッコリー	broccoli
ほうれん草	spinach
マッシュルーム	mushroom
もやし	bean sprouts（通例複数形）
モロヘイヤ	Jew's mallow／mulukhiya
ラッキョウ	shallot／scallion
レタス	lettuce
れんこん	lotus root
わさび	*wasabi*／(Japanese) horseradish
ワラビ	bracken

■ 魚貝類 （冠詞なしの単数形で記載）＊あいうえお順

赤貝	ark shell

あさり	clam／littleneck clam／short-necked clam
アジ	horse mackerel
アナゴ	conger eel／sea eel
アワビ	abalone／ear shell
イカ	squid（ヤリイカ、スルメイカなど甲のないもの）
	cuttlefish（コウイカなど甲のあるもの）
	firefly squid（ホタルイカ）
イクラ	salmon roe
イワシ	sardine
イワナ	char(r)
ウナギ	eel
ウニ	sea urchin
エビ	shrimp（小エビ）／lobster（ロブスター）
	prawn（車えび）／spiny lobster（伊勢エビ）
数の子	herring roe
カタクチイワシ	anchovy
カツオ	bonito
カニ	crab
カレイ	halibut／flatfish／sole
カワハギ	leatherjacket
キス	sillaginoid
コチ	flathead
サケ	salmon
さざえ	turbo／turban shell
サバ	mackerel

さわら	Spanish mackerel
サヨリ	halfbeak
サンマ	saury
ししゃも	(*shishamo*) smelt
シャコ	squilla／mantis prawn
シラコ	milt
シラス	whitebait／young sardines
スズキ	sea bass
タイ	red snapper／(sea) bream
タコ	octopus
タラ	cod／codfish
タラコ	cod roe
とりがい	Japanese cockle
ニジマス	rainbow trout
ニシン	herring
ハゼ	goby
ハマチ	young yellowtail
ヒラメ	flounder／sole（舌ビラメ）／flatfish
ふぐ	blowfish／puffer／globefish
ぶり	yellowtail
ホタテ	scallop
ホッケ	Atka mackerel [fish]
ぼら	(gray) mullet
マグロ	tuna
マス	trout

みる貝	trough shell
ムラサキ貝	mussel

● **台所用品・設備**（冠詞なしの単数形で記載）＊あいうえお順

圧力なべ	pressure cooker
網じゃくし	skimmer
アルミホイル	aluminum foil／tin foil
泡だて器	whisk
オーブントースター	toaster（パンがポンと飛び上がるタイプ）
	toaster oven（手前に引く戸が付いたタイプ）
おろし金（かね）	grater
果汁しぼり器	juicer
ガスレンジ	gas stove
皮むき	peeler
換気扇（かんきせん）	exhaust fan
換気装置	ventilator
缶切り	can opener
ケーキ用の型	cake pan（浅くて四角い物や深さのある丸いタイプ）
	spring form（底が抜けるようになっている丸い型）
計量カップ	measuring cup
計量スプーン	measuring spoon
	tablespoon（大さじ）—レシピでは T. または Tbs.
	teaspoon（小さじ）—レシピでは tsp.
コーヒー豆ひき器	(electric) coffee grinder
コーヒーメーカー	coffee maker

こし器	strainer
ゴムベラ	rubber spatula
コルク抜き	corkscrew
ざる	colander（水切り用）／draining basket
蛇口(じゃぐち)	water tap／faucet
しゃもじ	large flat spoon for scooping cooked rice（英米にはないので説明的に表すしかない）
食料貯蔵部屋(ちょぞう)	pantry
食器洗い機(しょっき)	dishwasher
食器棚(しょっき)	kitchen cupboard
炊飯器(すいはん)	rice cooker
栓抜き(せんぬ)	bottle opener
玉じゃくし	(soup) ladle
電子レンジ	microwave (oven)
流し	(kitchen) sink
なべ	pot（深めの両手用柄が付いたもの）
	pan（浅めの片手用柄が付いたもの）
	saucepan（深めの片手用柄が付いたもの）
	stewpot（大型で両手用柄が付いたもの）
	wok（中華なべ）
なべつかみ	potholder
肉たたき	meat mallet
はかり	scales（通例複数形）
ふきん	dish towel
フライ返し	turner

日記に使える単語集

フライパン	frying pan／skillet
ふるい	sieve／sifter／riddle（目の粗いもの）
へら	spatula
包丁	knife
ボール	mixing bowl
まな板	cutting board
魔法瓶	thermos bottle
ミキサー	mixer
	blender（果物や野菜など用の細長いタイプ）
水切りかご	dish drainer（洗った食器を入れておくかご）
蒸し器	steamer
やかん	kettle
野菜スライサー	vegetable slicer
ラップ	clear(-)plastic wrap／Saran Wrap
冷蔵庫	fridge／refrigerator
冷凍庫	freezer
ワッフル焼き型	waffle iron

● **花**（冠詞なしの単数形で記載）＊あいうえお順

アカシア	acacia
あさがお	morning glory
アザミ	thistle
アジサイ	hydrangea
アネモネ	anemone
アマリリス	amaryllis

アメリカナデシコ	sweet william
アヤメ	iris
アラセイトウ	gillyflower
梅（の花）	ume（blossom）
オジギ草	mimosa
オダマキ	columbine
カーネーション	carnation
かきつばた	iris
カスミソウ	baby's breath
片栗（かたくり）	dogtooth violet
カトレア	cattleya
カミツレ	camomile
カラー	calla lily
桔梗（ききょう）	Chinese bellflower
菊（きく）	chrysanthemum／mum（短縮形）
キンギョ草	snapdragon
金盞花（きんせんか）	pot marigold／common marigold
金鳳花（きんぽうげ）（ウマノアシガタ）	buttercup
金木犀（きんもくせい）	fragrant orange-colored olive
銀木犀（ぎんもくせい）	fragrant white-colored olive
くちなし	gardenia／Cape jasmine
グラジオラス	gladiolus
ケシ	poppy
月下香（げっかこう）	tuberose
ケマンソウ	bleeding heart／fumariaceous flower

日記に使える単語集

コケバラ	moss rose
コスモス	cosmos
胡蝶蘭（こちょうらん）	moth orchid／phalaenopsis
桜（の花）	cherry（blossoms）
山茶花（さざんか）	sasanqua
皐月（さつき）	azalea
サボテン	cactus
三色すみれ	pansy
しきみ	Japanese star anise
シクラメン	cyclamen
しだれ桜（の木）	weeping cherry（trees）
石楠花（しゃくなげ）	rhododendron
白ゆり	Madonna lily
沈丁花（じんちょうげ）	daphne
スイセン	narcissus
睡蓮（すいれん）	water lily
すずらん	lily of the valley
すみれ	violet
泰山木（たいざんぼく）	evergreen magnolia
ダリア	dahlia
タンポポ	dandelion
チューリップ	tulip
つつじ	Japanese azalea
椿（つばき）	camellia
トリカブト	aconite／monkshood

ナデシコ	pink
菜の花	rape flower／canola flower
ネコヤナギ	pussy willow
はす	lotus
花水木(はなみずき)	dogwood
葉牡丹(はぼたん)	ornamental cabbage
バラ	rose
ヒエンソウ	larkspur
彼岸花(ひがんばな)	cluster amaryllis
ひまわり	sunflower
ヒモケイトウ	love-lies-bleeding
百日草(ひゃくにちそう)	zinnia
百蓮(ひゃくれん)	white lotus
ヒヤシンス	hyacinth
福寿草(ふくじゅそう)	adonis
フジ	wisteria
フリージア	freesia
ベゴニア	begonia
ペチュニア	petunia
ポインセチア	poinsettia
鳳仙花(ほうせんか)	(garden) balsam／touch-me-not
ほおずき	Chinese lantern／ground-cherry
牡丹(ぼたん)	peony
松葉牡丹(まつばぼたん)	garden portulaca
マリーゴールド	marigold

日記に使える単語集

マンサク	Japanese witch hazel
ムラサキシキブ	Japanese beautyberry
紫露草(むらさきつゆくさ)	spiderwort
木蓮(もくれん)	magnolia
桃（の花）	peach（blossom）
山ゆり	gold-band lily／golden-rayed lily
ゆうがお（よるがお）	moonflower
ユキヤナギ	spirea
ゆり	lily
ラッパスイセン	daffodil
蘭(らん)	orchid
リラ	lilac
リンドウ	gentian
ルピナス	lupin(e)
蓮華(れんげ)（はすの花）	lotus flower
れんげ草	milk vetch
わすれな草	forget-me-not

● **体の部分名称**（冠詞なしの単数形で記載）

頭部

頭	head
つむじ	hair whorl
髪	hair
前髪	bang／front hair
顔	face

額(ひたい)	forehead
目	eye
一重(ひとえ)まぶた	upper eyelid with no fold
二重(ふたえ)まぶた	double eyelid
まぶた	eyelid
眉毛(まゆげ)	eyebrow
まつ毛	eyelashes（通例複数形）
うぶ毛	downy hair
鼻	nose
鼻毛	nose hair
人中(にんちゅう)／はなみぞ	philtrum
口	mouth
くちびる	lip
歯	tooth（複数形は teeth）
出っ歯	buckteeth
歯ぐき	gums
舌	tongue
のど	throat
のどちんこ	uvula
のどぼとけ	Adam's apple
耳	ear
耳たぶ	earlobe
頬(ほお)	cheek
えくぼ	dimple
こめかみ	temple

日記に使える単語集

あご	jaw
二重(にじゅう)あご	double chin
あご先	chin
あごひげ	beard
口ひげ	mustache
頬(ほお)ひげ	whiskers（通例複数形）
もみあげ	sideburns（通例複数形）

上半身

胴	torso
首	neck
うなじ	nape of the neck
肩	shoulder
鎖骨(さこつ)	collarbone
胸	chest（心臓・肺などを含む胸部全体）
	breast（胸全体、女性の乳房）
	bust（胸囲）／heart（心臓、心）
乳首	nipple／tit
背中	back
背骨	backbone／spine
わき腹／横腹	side
腰	waist（胴のくびれた部分）
	hip（左右に張り出した部分）
	lower back（腰痛になる部分）
	loins（背中の下半分あたり─通例複数形）

へそ	navel
腹	abdomen
腕(うで)	arm
わきの下	under the arm／armpit
わき毛	underarm hair／armpit hair
ひじ	elbow
肘 関節(ちゅうかんせつ)	elbow joint／crook of the arm
前腕(ぜんわん)	forearm（ひじから手首まで）
爪	nail／fingernail
手	hand
手のひら	palm
手の甲(こう)	back of the hand
手首	wrist
手の指	finger（普通、親指は含まない）
（手の）親指	thumb
（手の）人差し指	index finger／forefinger
（手の）中指	middle finger
（手の）薬指	ring finger
（手の）小指	little finger／pinkie／pinky

下半身

しり	buttock（腰掛けた時、いすに触れる部分）
	butt（buttock の略語でスラング）
	rear／bottom（口語）

足	leg（太ももの付け根から足首まで）
	foot（足首から先―複数形は feet）
足の爪	toenail
股(また)	crotch
ももの付け根	groin
太もも	thigh
ひざ	knee
膝関節(しつかんせつ)	knee joint／popliteal space
ふくらはぎ	calf
すね	shin
足首・くるぶし	ankle
アキレス腱(けん)	Achilles(') tendon
足の甲(こう)	instep
土(つち)踏(ふ)まず	arch
かかと	heel
足の裏	sole
足の指	toe（手の場合のような親指の区別はない）
（足の）親指	big toe
（足の）人差し指	second toe
（足の）中指	third toe
（足の）薬指	fourth toe
（足の）小指	little toe

病気関係　*各項目あいうえお順

*chronic～（慢性～）／acute～（急性～）は省略
（　）内の語は別名〈　〉内の語は別の可能診察科を示す。

内科

アルコール性依存症	alcoholic dependance（syndrome）
アルコール性肝炎	alcoholic hepatitis
アルコール性肝梗変	alcoholic cirrhosis
アルコール中毒	alcoholism
エイズ（感染症）	acquired immune deficiency syndrome／AIDS
栄養失調	malnutrition
顔面神経痛〈整形外科〉	facial neuralgia／faceache
口内炎〈歯科〉〈耳鼻咽喉科〉	stomatitis
口内潰瘍〈歯科〉〈耳鼻咽喉科〉	canker
自律神経失調症	autonomic imbalance
じんましん	hives
生活習慣病	lifestyle-related disease
糖尿病	diabetes
腹痛	stomachache
めまい〈耳鼻咽喉科〉〈神経内科〉	dizziness／vertigo

呼吸器内科

息切れ	shortness of breath
インフルエンザ（流感）	flu／influenza
風邪	cold
気管支炎	acute bronchitis

日記に使える単語集

気管支拡張症	bronchiectasis
気管支肺炎	bronchial pneumonia
くしゃみ	sneeze
咳〈小児科〉	cough
喘息	asthma
痰	phlegm／sputum
肺炎	pneumonia
肺癌	lung cancer
肺結核	pulmonary tuberculosis
肋膜炎	pleurisy

消化器内科

胃炎	gastritis
胃潰瘍	stomach ulcer／gastric ulcer
胃拡張	stomach dilatation／stomach dilation
胃下垂	gastroptosis
胃カタル	catarrh of the stomach／gastric catarrh
胃癌	stomach cancer／cancer of the stomach
胃けいれん	stomach cramps／stomach convulsion
胃酸過多症	hyperacidity
胃痛	stomachache
嘔吐	vomit／vomiting
肝炎	hepatitis
肝硬変	liver cirrhosis
肝臓癌	liver cancer

肝臓病（かんぞうびょう）	liver disease
下痢〈小児科〉（げり）	diarrhea
十二指腸潰瘍（じゅうにしちょうかいよう）	duodenal ulcer
消化不良（しょうかふりょう）	acid indigestion
食中毒（しょくちゅうどく）	food poisoning
胆のう炎（たんのうえん）	inflammation of the gall bladder／cholecystitis
胆のう癌（たんのうがん）	gall bladder cancer
腸炎（ちょうえん）	enteritis
腸カタル（ちょう）	intestinal catarrh
腸癌（ちょうがん）	colon cancer
腸捻転（ちょうねんてん）	volvulus
腸閉塞（ちょうへいそく）	ileus／intestinal obstruction
吐き気（はきけ）	nausea
便秘（べんぴ）	constipation
胸やけ（むね）	heartburn

循環器内科（じゅんかんきないか）

心筋梗塞（しんきんこうそく）	myocardial infarction
心筋症（しんきんしょう）	cardiomyopathy
心臓炎（しんぞうえん）	carditis
心臓血管疾患（しんぞうけっかんしっかん）	cardiovascular disease
心臓神経症（しんぞうしんけいしょう）	cardiac neurosis
心臓痛（しんぞうつう）	cardialgia
心臓肥大（しんぞうひだい）	cardiac hypertrophy／cardiomegaly

日記に使える単語集

心臓病（しんぞうびょう）	heart disease／cardiac disease
心臓弁膜症（しんぞうべんまくしょう）	valvular disease of the heart
心臓発作（しんぞうほっさ）	heart attack
心停止（しんていし）	cardiac arrest
心不全（しんふぜん）	heart failure
心臓麻痺（しんぞうまひ）	cardiac paralysis

神経内科（しんけいないか）

アルツハイマー病（びょう）	Alzheimer's disease
高血圧（こうけつあつ）	high blood pressure
頭痛（ずつう）	headache
低血圧（ていけつあつ）	low blood pressure
動脈硬化（どうみゃくこうか）	arteriosclerosis／hardening of the arteries
脳溢血（のういっけつ）	cerebral hemorrhage
脳炎（のうえん）	encephalitis
脳下垂体（のうかすいたい）	pituitary
脳血管性痴呆（のうけっかんせいちほう）	cerebrovascular dementia
脳血栓（のうけっせん）	cerebral thrombosis
脳梗塞（のうこうそく）	cerebral infarction
脳震とう（のうしん）	(brain) concussion
脳髄膜炎（のうずいまくえん）	cerebromeningitis
脳性麻痺（のうせいまひ）	cerebral palsy
脳塞栓（のうそくせん）	cerebral embolism
脳卒中（のうそっちゅう）	cerebral apoplexy
脳軟化症（のうなんかしょう）	encephalomalacia／softening of the brain

| 脳貧血 | cerebral anemia |
| めまい〈内科〉〈耳鼻咽喉科〉 | dizziness |

腎臓内科

腎炎	nephritis
腎臓痛	nephralgia
腎臓病	renal disease／kidney trouble

血液内科

血友病	hemophilia
内出血（紫斑病）	internal bleeding
白血病	leukemia
貧血	an(a)emia

外科

切り傷	cut（刃物による傷）／wound（武器・凶器による傷）／gash（深い傷）
出血	bleeding
すり傷	scratch
虫垂炎（盲腸）	appendicitis
乳癌〈産婦人科〉	breast cancer
脳損傷	brain damage／brain injury
腹膜炎	peritonitis
ヘルニア〈整形外科〉	hernia
やけど〈皮膚科〉	burn（火傷）／scald（熱傷）

肛門科(こうもんか)

いぼ痔(じ)	blind piles
切(き)れ痔(じ)	bleeding hemorrhoids／bleeding piles
痔(じ)	hemorrhoids／piles
脱肛(だっこう)	rectal prolapse／anal prolapse

脳外科(のうげか)

くも膜下出血(まっかしゅっけつ)	subarachnoid hemorrhage
脳挫傷(のうざしょう)	brain contusion
脳出血(のうしゅっけつ)	cerebral hemorrhage

整形外科(せいけいげか)

肩(かた)こり	stiff shoulder／shoulder stiffness
関節炎(かんせつえん)	arthritis
顔面神経痛(がんめんしんけいつう)〈内科〉	facial neuralgia／faceache
傷(きず)あと	scar
ぎっくり腰(ごし)	strained back／slipped disk
筋肉痛(きんにくつう)	muscle ache
骨髄炎(こつずいえん)	osteomyelitis
骨折(こっせつ)	broken bone／fracture
骨粗鬆症(こつそしょうしょう)	osteoporosis
骨軟化症(こつなんかしょう)	osteomalacia
神経炎(しんけいえん)	neuritis
神経痛(しんけいつう)	neuralgia
神経麻痺(しんけいまひ)	neuroparalysis
脱臼(だっきゅう)	dislocation

椎間板ヘルニア	slipped disk
突き指	sprained finger
寝違い	sprained neck while asleep／crick while asleep
捻挫	sprain
ヘルニア〈外科〉	hernia
変形関節症	owteoarthritis
水ぶくれ（水疱）〈皮膚科〉	blister
むち打ち	whiplash
腰痛	(lower) back pain
リウマチ	rheumatism

産婦人科

月経過多	profuse menstruation
月経困難症	dysmenorrhea
月経不順	irregular menstruation／menstrual irregularity
更年期	menopause
子宮癌	uterine cancer
子宮筋腫	fibroid／myoma of uterus
子宮後屈	retroflexion of the uterus
子宮出血	uterine hemorrhage
子宮内膜炎	endometritis
死産	stillbirth
陣痛	labor

日記に使える単語集

生理（せいり）	period／menstruation
生理痛（せいりつう）	cramps／menstrual pain
早産（そうざん）	premature birth
想像妊娠（そうぞうにんしん）	spurious pregnancy
膣炎（ちつえん）	vaginitis
中絶（ちゅうぜつ）	abortion
つわり（妊娠悪阻）（にんしんおそ）	morning sickness
乳癌〈外科〉（にゅうがん）	breast cancer
妊娠（にんしん）	pregnancy
分娩（ぶんべん）	delivery
流産（りゅうざん）	miscarriage

泌尿器科（ひにょうきか）

血尿（けつにょう）	ematuria
性的感染症（せいてきかんせんしょう）	sexually transmitted disease／STD
前立腺炎（ぜんりつせんえん）	prostatitis
前立腺肥大（ぜんりつせんひだい）	enlargement of the prostate／hypertrophy of prostate
尿道炎（にょうどうえん）	inflammation of the urethra／urethritis
尿道症（にょうどうしょう）	ur(a)emia
尿道痛（にょうどうつう）	painful urination／urethral pain
尿閉(塞)（にょうへいそく）	retention of urine／anuresis
梅毒（ばいどく）	syphilis
排尿障害（はいにょうしょうがい）	urination trouble
排尿痛（はいにょうつう）	micturition pain

膀胱炎（ぼうこうえん）	infection of the bladder／cystitis
淋病（りんびょう）	gonorrhea

小児科（しょうにか）

アトピー性皮膚炎〈皮膚科〉（せいひふえん）	atopic dermatitis
黄疸（おうだん）	(yellow) jaundice
おたふく（耳下腺炎）（じかせんえん）	mumps
おねしょ	bed-wetting
おむつかぶれ	diaper rash
偽膜性喉頭炎（ぎまくせいこうとうえん）	croup
下痢〈消化器内科〉（げり）	diarrhea
猩紅熱（しょうこうねつ）	scarlet fever
小児喘息（しょうにぜんそく）	infantile asthma
小児麻痺（しょうにまひ）	polio／infantile paralysis
咳〈呼吸器内科〉（せき）	cough
ダウン症候群（しょうこうぐん）	Down('s) syndrome
てんかん	epilepsy
膿痂疹（のうかしん）	impetigo
はしか（麻疹）（ましん）	measles
発疹（はっしん）	rash／spot
発熱（はつねつ）	(attack of) fever
鼻水〈耳鼻咽喉科〉（はなみず）	runny nose／running nose
バラ疹（しん）	roseola／baby measles
百日咳（ひゃくにちぜき）	whooping cough／pertussis
風疹（ふうしん）	rubella／German measles

日記に使える単語集

水ぼうそう（水痘）	chicken pox
蒙古斑	Mongolian spot／blue spot
リウマチ熱	rheumatic fever

皮膚科

あざ	birthmark（生まれつきのもの）
	bruise（けがによるもの）
あせも（汗疹）	heat rash／prickly heat
アトピー性皮膚炎〈小児科〉	atopic dermatitis
いぼ（疣贅）	wart
魚の目（鶏眼）	corn／clavus
かさぶた（痂皮）	scab
逆むけ	hangnail
湿疹	eczema
しもやけ（凍瘡）	frostbite／chilblains
そばかす	freckles
にきび（尋常性痤瘡）	acne／pimples
ほくろ（色素性母斑）	mole
水ぶくれ（水疱）〈整形外科〉	bister
水虫	athlete's foot／ringworm of the foot
虫さされ（刺せき症）	insect bite
やけど〈外科〉	burn（火傷）／scald（熱傷）

眼科

遠視	farsightedness／hypermetropia
角膜炎	keratitis

眼精疲労(がんせいひろう)	eyestrain／asthenopia
近視(きんし)	nearsightedness／myopia
結膜炎(けつまくえん)	conjunctivitis
逆(さか)まつげ	trichiasis
色盲(しきもう)	color blind
充血(じゅうけつ)	bloodshot eye
ドライアイ	dry eye
白内障(はくないしょう)	cataract
はやり目(め)	pinkeye
目(め)やに（眼脂(がんし)）	eye mucus／mucus discharge
ものもらい（麦粒腫(ばくりゅうしゅ)）	sty(e)
乱視(らんし)	astigmatism
緑内障(りょくないしょう)	glaucoma

耳鼻咽喉科(じびいんこうか)

アデノイド	adenoid
アレルギー性鼻炎(せいびえん)	nasal allergy
外耳炎(がいじえん)	inflammation of the external ear／otitis externa
花粉症(かふんしょう)	hay fever
口内炎(こうないえん)〈歯科〉〈内科〉	stomatitis
口内潰瘍(こうないかいよう)〈歯科〉〈内科〉	canker
視覚損失(しかくそんしつ)	hard of hearing／hearing loss
耳痛(じつう)	earache
蓄膿(ちくのう)	empyema

日記に使える単語集

蓄膿症（ちくのうしょう）	inflammation of the maxillary sinus
中耳炎（ちゅうじえん）	otitis media／inflammation of the middle ear
鼻づまり（鼻閉）（はな／びへい）	stuffy nose／（nasal）congestion
鼻水〈小児科〉（はなみず）	runny nose／running nose
鼻炎（びえん）	rhinitis
耳垢（みみあか）	earwax／cerumen
耳垂れ（耳漏）（みみだれ／じろう）	discharge from the ear／otorrhea
耳なり（耳鳴）（みみ／じめい）	ringing in the ear／tinnitus
めまい〈内科〉〈神経内科〉	dezziness／vertigo
老人性難聴（ろうじんせいなんちょう）	senile impaired hearing

歯科（しか）

入れ歯（義歯）（いれば／ぎし）	false tooth／artificial tooth
親知らず（おやしらず）	wisdom tooth
口臭（こうしゅう）	bad breath
口内炎〈内科〉〈耳鼻咽喉科〉（こうないえん）	stomatitis
口内潰瘍〈内科〉〈耳鼻咽喉科〉（こうないかいよう）	canker
歯周病（ししゅうびょう）	periodontitis
歯石（しせき）	tartar
歯槽膿漏（しそうのうろう）	pyorrhea（alveolaris）
歯痛（しつう）	toothache
歯肉炎（しにくえん）	gingivitis
歯肉潰瘍（しにくかいよう）	gumboil
歯の矯正（は／きょうせい）	orthodontics

歯ぎしり	tooth grinding
虫歯（う歯）	decayed cavity／tooth

心療内科

うつ病	depression
過食症	bulimia
強迫観念症	obsession
強迫神経症	obsessive-compulsive neurosis
恐怖症	phobia
拒食症	anorexia
潔癖症	mysophobia
幻覚	hallucination
幻聴	auditory hallucination
高所恐怖症	fear of heights／acrophobia
神経症	neurosis
神経衰弱	nervous breakdown
ストレス	stress
そう病	mania
対人恐怖症	anthrophobia
ヒステリー	hysteria
不眠症	insomnia
閉所恐怖症	claustrophobia
妄想	delusion
欲求不満	frustration

著者紹介

石原真弓（いしはらまゆみ）

1973年生まれ。
高校卒業後アメリカに留学。コロラド・デンバーにてアドミニストレティブ・アシスタントや通訳として活躍。とくに医療通訳に従事。
現在は英会話教室、一般企業、英会話同好会などで、アメリカ口語英語を中心とした英会話を教える。生徒は小学生から70代と幅広い。
また各地で、自らの経験をもとに「英会話上達法」について講演をすることもある。

（著書）
「英語で日記を書いてみる」（ベレ出版）
「CD BOOK ネイティブの日常英会話基本フレーズ1200」（ベレ出版）
「CD BOOK アメリカ日常イディオム教本」（ベレ出版）
「CD BOOK ネイティブの日常英会話が3時間で身につく」（明日香出版社）
「CD BOOK 雑音・雑踏のなかのリスニング」（明日香出版社）
「3小時學會道地英語」（建興出版社／台湾）
「That's How the Americans Talk」（建興出版社／台湾）
「美國日常慣用語教本」（建興出版社／台湾）

英語で日記を書いてみる 表現集編

2002年7月25日	初版発行

著者	石原真弓
カバーデザイン	竹内雄二
本文イラスト	井ヶ田惠美

©Mayumi Ishihara 2002. Printed in Japan

発行者	内田眞吾
発行・発売	ベレ出版 〒162-0832 東京都新宿区岩戸町12レベッカビル TEL03-5225-4790　FAX03-5225-4795 振替00180-7-104058
印刷	三松堂印刷株式会社
製本	根本製本株式会社

落丁本・乱丁本は小社編集部あてにお送りください。送料小社負担にてお取り替えします。

ISBN4-86064-000-4 C2082　　　　　　　　　　　　　編集担当　綿引ゆか